中國學術思想

三 六 編

林 慶 彰 主編

第 9 冊

《清華大學藏戰國竹簡（肆）‧筮法》整理與研究（上）

葉 檳 豪 著

花木蘭文化事業有限公司

國家圖書館出版品預行編目資料

《清華大學藏戰國竹簡（肆）・筮法》整理與研究（上）／葉檳豪
著 -- 初版 -- 新北市：花木蘭文化事業有限公司，2022〔民
111〕
序 2+ 目 4+150 面；19×26 公分
（中國學術思想研究輯刊 三六編；第 9 冊）
ISBN 978-626-344-052-4（精裝）
1.CST：易占 2.CST：簡牘文字 3.CST：研究考訂
030.8   111010190

ISBN-978-626-344-052-4

9 786263 440524

中國學術思想研究輯刊
三六編　第　九　冊　　　　　　　ISBN：978-626-344-052-4

《清華大學藏戰國竹簡（肆）・筮法》整理與研究（上）

作　　　者　葉檳豪
主　　　編　林慶彰
總 編 輯　杜潔祥
副總編輯　楊嘉樂
編輯主任　許郁翎
編　　　輯　張雅淋、潘玟靜、劉子瑄　美術編輯　陳逸婷
出　　　版　花木蘭文化事業有限公司
發 行 人　高小娟
聯絡地址　235 新北市中和區中安街七二號十三樓
　　　　　　電話：02-2923-1455 ／傳真：02-2923-1452
網　　　址　http://www.huamulan.tw 信箱 service@huamulans.com
印　　　刷　普羅文化出版廣告事業
封面設計　劉開工作室
初　　　版　2022 年 9 月
定　　　價　三六編 30 冊（精裝）新台幣 83,000 元　　版權所有・請勿翻印

《清華大學藏戰國竹簡（肆）‧筮法》整理與研究（上）

葉檳豪　著

作者簡介

葉檳豪，1990 年生，國立東華大學中國語文研究所碩士。對術數有濃厚的興趣，主要研究領域為先秦出土易學及術數文獻。

提　要

　　本研究以《清華大學藏戰國竹簡（肆）》中所收錄的《筮法》篇為研究主題。《筮法》是一篇相當特別的出土易類文獻，使用數字記錄卦畫，是第一篇具系統性的數字卦材料。其解卦系統與《周易》有根本上的不同，並不使用常人所知的六十四卦卦爻辭為占，而是以前所未見的「四位」卦位系統為骨幹，綜合各類卦、爻象與筮占時間進行占斷，並形成了不少獨特的解卦術語。然而，這套解卦系統雖然是首見，但仍有不少內容能與傳世、出土易學材料相互對應，如《說卦傳》「父母六子」、「帝出乎震」的卦象，又或者是輯本《歸藏》的若干卦名用字與經卦卦序，皆可見於《筮法》之中。因此，《筮法》同時與先秦數字卦、《周易》乃至於《歸藏》都有所聯繫，是數字卦向符號卦演變及先秦《周易》文本形成的重要拼圖，有助於釐清先秦易學的發展脈絡及其相關問題。

　　本研究擬循序漸進，先從文字校讀入手，於第二章梳理《筮法》中釋讀爭議較大的文字及其專業術語，以求正確地解讀《筮法》的內容。其次，於第三章中整理並歸納《筮法》中諸多解卦原則及術語。分為四個大類，其一是「四位卦」的卦位系統，其二是「卦象類」解卦原則，其三是「爻象類」解卦原則，其四是「時序類」解卦原則，旨在解析這些原則及術語的具體所指。接著，於第四章透過《筮法》、出土數字卦材料與《周易》、《歸藏》文本的對比，推論陰陽爻符號的形成、《說卦傳》部份卦象的形成時間、來源等問題。最後，於第五章總結研究成果及本研究的未竟之處。

序

　　很高興盼到檳豪君的碩論出版，他的這本碩論足足比別人多花了一倍的時間完成，一方面基於他慢條斯理的個性；一方面也是欲將所有學界的說法網羅畢盡的自我要求，因而耗費不少補充與修正的時間，這種對自己求善責成的個性，是我對他的了解。

　　檳豪在大學時期，就對《周易》產生了濃厚的興趣，到了碩班，因為上了我所開設的出土文獻課程，知道清華簡新公布了一批與易學有關的文獻，記述占筮的原理與方法，包含大量以數字卦表現的占例，名為《筮法》。這引起了他極大的興趣，便決定以此為學位論文的主題。他在本書的摘要中說到，《筮法》是第一篇具有系統性的數字卦材料，其解卦理論與《周易》有根本不同，以四位卦為骨幹，綜合卦爻與筮占的時間進行占斷。此外其又與多種易學材料有關連，如《歸藏》與〈說卦傳〉。而在論文的撰述方法上，其先對通篇文字作校理，比較諸家之說，擇其可信者採之；次而對筮法的解卦系統作探論，並與先秦的易學發展作聯繫，可以說研究範圍涵蓋了古文字學與傳統易學，在今日學科分類趨細的情況下，能作到這程度，可以說相當地難得。

　　我認為此書最稱善的部分，在於解卦系統的整理，作者建構《筮法》的解卦體系，將其原則分為四類，並在各類解卦原則中羅列相關的筮例，包括「四位」卦位體系、卦象類解卦原則、爻象類解卦原則和時序類解卦原則，讓我們閱讀《筮法》時能提綱挈領，知其所以然。再者，其又針對八卦的五行概念加以討論，理出了通變的原理，令人有慨然稱善之嘆。在易學方面的知識，我也是受惠於他。

　　這本論文，要具備文字學與易學的專門知識才能深知其好，我在此僅能簡單且粗淺地介紹。對於易學有興趣的朋友，我認為此書特別值得向您推薦。

魏慈德

二〇二二年五月廿九日

序於東華大學

誌謝辭

　　本書是由我的碩士論文《〈清華大藏戰國楚簡（肆）・筮法〉整理與研究》加以修訂而來，該論文於 2019 年 6 月完成，至今已將近 3 年的時間。我在研究所畢業後，隨即入伍服役一年盡國民義務，爾後又花費一年準備國家考試，直到今年年初才重拾書本，著手修改論文。此次的修改，主要考察我畢業至今近三年內學界發表的相關論文，擇重要者加以增補。其中，以大陸學者賈連翔於 2020 年出版的《出土數字卦文獻輯釋》尤為重要，該書詳細整理了截至目前為止載於古文物中的數字卦材料，並附有文物出處及圖版。而在賈連翔之前，僅有王化平、周燕於 2015 年出版的《萬物皆有數：數字卦與先秦易筮研究》一書有較完整的材料收錄，惟王化平、周燕的整理較為簡潔，使用表格列出筮數釋文、出處，未如賈連翔的整理附有圖版。兩本著作各有對方未蒐羅的材料，對若干數字卦的筮數釋讀也略有不同。不過，兩者都為後學省去了大量蒐羅資料的時間，眾所皆知，先秦數字卦材料相當零散，尤其是商周時期的數字卦，時空跨度相當大，要從多如繁星的先秦出土文物中，蒐羅出數字卦材料實屬不易。在三位學者的整理基礎上，本書第四章第一節關於商周數字卦的用數統計研究才得以開展，因此在閱讀該章節時，建議參看這兩本著作的整理。

　　牛頓曾說：「如果我比別人看得更遠，那是因為我站在巨人的肩膀上」，只不過在研究的過程中，要爬上巨人的肩膀並不是一件容易的事，《筮法》的研究開展至今將屆十年，而數字卦的研究工作更已超過四十年。學界諸多前輩學者已經積累了相當豐富的研究成果，雖然我有幸得到機會將論文出版成冊，但我深知我遠遠沒有達到巨人肩膀的高度，仍在攀爬途中奮力前行。我

目前所能做的僅是羅列各家學說並加以統整辨析，由於本身學力有限，難免有一些未及開展和思慮未周之處，望各位閱讀此書的前輩方家不吝斧正。

我這篇論文得以完成並最終出版成書，一路上受到許多人的幫助。首先自然要感謝我研究所期間的指導教授——魏慈德老師，老師治學嚴謹、一絲不苟，早在我研究所論文寫作時期，大至論述的角度、觀點，小至行文的格式、錯字，老師總不厭其煩地指出錯誤，一步一步引導我探索學術的世界。老師所著作的《古代風神崇拜》與〈談《別卦》的卦序與卦名及其與《筮法》的關係〉，也給予我關於先秦四方、四時對應與卦序排列的研究思路。而在本書修改期間，除了再次審閱內容有無錯誤之外，也為離開學界兩年有餘的我提供了一些近年發表的學術論文。同時，也感謝老師在百忙之中仍撥空為本書作序，得益於老師的悉心指導，這篇論文才得以順利完成並獲得出版的機會。

其次，感謝家人一路以來的支持與包容。由於父親從事命理相關工作，使我早在高中時期就對術數產生相當濃厚的興趣，進入研究所後毅然選擇《筮法》這篇記載先秦實用易占的文獻作為研究主題。而母親則是我生活上堅實的後盾，平日的關心與鼓勵是我完成論文並出版的最大動力。與我同為中文專業的妹妹沛璇，也為本書的出版提供協助，除了幫忙查找文獻資料外，也在文稿校正期間給予修改意見。對家人的感謝之情無以言表，謹以此書的出版來感謝家人們無私的付出。

最後，感謝書珊學姊為本書通篇校稿並抓出行文錯漏之處。此外，還要特別感謝花木蘭文化事業有限公司給予我此次出版的機會，以及諸位編輯在出版上的支持與協助。

壬寅立夏於三芝寓所

目次

第一章 緒 論

第一節 研究動機與目的

近數十年來，得益於數批易學文獻、材料的出土，使得先秦易學的研究得到了前所未有的突破。而出土的《易》類材料大致上可以區分成兩大類：一類具有卦辭或是爻辭，使用兩種固定的符號記錄卦畫，並可與今本《周易》、輯本《歸藏》互為參照者，如阜陽漢簡《周易》、上海博物館藏戰國楚竹書《周易》、馬王堆帛書《周易》經傳、王家台秦簡《歸藏》皆屬此類。另一類則是刻寫於甲骨、器物或楚簡之中，沒有卦爻辭，並使用數字紀錄爻形。自 1980年張政烺提出「數字卦假設」以來，〔註1〕這類材料就被學界稱為「數字卦」並引起廣泛的注意，帶動了近數十年以來數字卦研究的熱潮。諸如卦畫的形成、與《周易》之間的關聯等種種問題，長年備受學界關注。只不過囿於材料的限制，學界的觀點存在諸多歧異，也有許多問題難以解決。

〔註1〕在張政烺之前，李學勤於 1956 年時就敏銳地注意到張家坡卜骨中的一組數字使人「聯想到《周易》的『九』、『六』。」是最早注意到這些數字可能與易卦有關的學者，只不過李學勤並沒有更進一步的討論這個問題。直到張政烺於 1978 年在吉林大學「第一屆中國古文字研究會」上發表一場演講，首次系統性地連結這些數字與易卦的關係。並在 1980 年發表〈試釋周初青銅器銘文中的易卦〉一文提出更進一步的論證，「數字卦」的概念自此才被學界注意。李學勤：〈談安陽小屯以外出土的有字甲骨〉，《文物參考資料》1956 年第 11 期，1956 年 11 月，頁 16～17。張政烺：〈試釋周初青銅器銘文中的易卦〉一文後收錄於張政烺著，李零等整理：《張政烺論易叢稿》，北京：中華書局，2011 年 1 月，頁 6～29。

　　正當相關的研究工作方興未艾之際，2008 年北京清華大學出土文獻研究與保護中心接收了一批由校友捐贈的海外竹簡，並將之命名為「清華簡」。2013 年底，整理小組公布了其中兩篇與易類有關材料，都是傳世文獻中未見的佚篇，其中一篇記述了一種特殊的筮占系統，整理小組題之為《筮法》，為先秦易學諸多難解的問題帶來新的線索。

　　初步來看，《筮法》以 ⼝（四）、⤬（五）、⼈（六）、一（七）、〔註 2〕 八（八）、⼀（九）六個數字記卦，證明了卦畫與《筮法》相近的楚簡易卦亦是使用數字記卦。〔註 3〕除此之外，《筮法》也是首部用數字記卦，又較具系統性的易類出土文獻。雖然先秦數字卦的年代從殷商橫跨至戰國，難以斷定《筮法》的筮占系統是否能適用所有數字卦材料，但根據整理小組「數字卦的形式與天星觀、包山、葛陵等楚簡中的實際占筮紀錄所見一致」的觀點來看，〔註 4〕至少說明楚地數字卦很有可能與《筮法》中記載的解卦系統有莫大的關連。此外，《筮法》雖是佚篇，但其內容與先秦兩漢多種易學文獻皆有共通之處，如若干經卦卦名與《歸藏》十分相近；〈人身卦位圖〉中經卦與方位、季節、人體的對應以及將八經卦稱為男、女的卦象配屬，都與《說卦傳》的內容高度重合；〈天干與卦〉、〈地支與卦〉中干支配卦的規律，也與西漢京房的納甲理論十分相似；〈地支與爻〉的地支配數也與揚雄《太玄經》中「太玄數」的對應相同。再者，從〈卦位圖〉、〈雨旱〉兩節的內容還可以知道《筮法》的八卦對應了五行並以之為占，顯現《筮法》還受到了戰國以降陰陽五行學說的影響。綜合來看，《筮法》中記載的筮占系統上及三《易》八卦配象之學，下通戰國、兩漢陰陽五行、卦氣納甲之說。若能將《筮法》中所載的各類筮占規則與相關文獻進行勘對，應對先秦易學的發展脈絡能有新的認識。

　　本文擬將《清華大學藏戰國竹簡（肆）》中收錄的易類文獻——《筮法》綜合相關文獻材料進行考察，主要的研究目的有二：

〔註 2〕該數字的字形雖然與數字一相近，但其實代表了筮數七，可參本文第三章第三節及第四章第一節中的論述。

〔註 3〕關於楚簡中出現的多符號易卦，以往學界多有爭論，但隨著《筮法》的出現，目前學界大多認同這些符號應是數字。相關論述請參本文第四章第一節。

〔註 4〕李學勤主編：《清華大學藏戰國竹簡（肆）》，上海：中西書局，2013 年 12 月，頁 75。

（一）疏理《筮法》的文字及其解卦體系

在探討《筮法》對早期易學的影響及發展之前，必須先釐清《筮法》的筮占系統。《筮法》記載了一套前所未見的筮占系統，除了「乾坤六子」、「干支配卦」等可以和傳世文獻互勘的內容之外。還有一些以往未見的解卦原則，如「四位卦」及從中衍生而出的「相見」、「易向」等規則。雖然學界對此已有諸多討論，但其中尚有一些爭議，也有重新分類整理的必要。因此本文的第一個目的，在於針對《筮法》的文字及筮占體系進行全面的整理考證，並以此作為後續討論的基礎。

（二）對早期易學發展的再探究

由於《筮法》與先秦的諸多易學內容皆有所連繫，因此透過《筮法》與相關文獻的對比，使先秦易學的一些未解之謎能夠有進一步的開展。因此本研究的第二個重點，在於分析《筮法》與先秦相關易學材料的異同，在前人的研究基礎上嘗試釐清其間的關係及發展。

第二節　文獻回顧與探討

自《筮法》發布至今已歷數年寒暑，目前學界也累積了相當可觀的研究成果，經過整理歸納後大致可以分成「形制與性質研究」、「文字解詁」、「筮占系統探析」以及「與先秦易學的發展」四大面向，以下將就此四項研究成果，擇其重要者概述之，並藉此發掘尚可討論的議題。

一、《筮法》的形制與性質

關於《筮法》的基本形制，整理小組在《清華四》中已有初步的說明。〔註5〕由於《筮法》的保存狀況相當良好，並無編聯綴合的問題。因此這個部份的研究主要以「文獻佈局」與「文獻性質」兩個面向為主。

（一）《筮法》的佈局

關於《筮法》的形制，最先讓人注意到的是它整齊的佈局。整理小組依照《筮法》的內容與行款將之劃分成三十個小節，而這三十個小節又可以粗略歸納成一至十九節的筮例列舉、二十至二十九節的規則及背景知識說明，

〔註 5〕李學勤主編：《清華大學藏戰國竹簡（肆）》，頁 75。

以及第三十節的序文三個部份。從圖版來看，《筮法》的區域劃分可謂相當整齊：

【圖1-1】《筮法》區域劃分圖〔註6〕

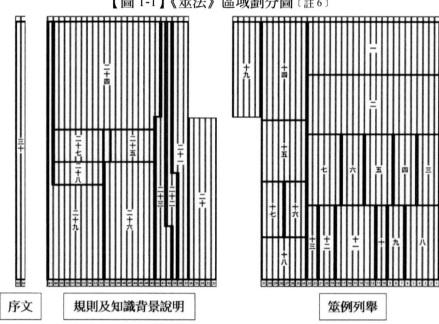

| 序文 | 規則及知識背景說明 | 筮例列舉 |

學界認為整齊的佈局意味著《筮法》在書寫時經過縝密的規劃，如王化平注意到《筮法》具有整齊的分欄書寫格式與較為規律的標點符號使用，推測《筮法》的內容經過嚴密的安排，是一部較為成熟的寫本。此外，《筮法》各節的篇幅長度不一，而書手卻能將這些篇幅、形式不一的內容整齊地書寫在六十三支竹簡中，除了說明《筮法》的佈局經過規畫外，也很有可能代表《筮法》存在一個相對粗糙的寫本。〔註7〕而李守奎則提到《筮法》添加了「也」、「亦」等無意義的助詞，使行款更為工整。〔註8〕賈連翔更從整理小組

〔註6〕整理小組所定《筮法》各節的標題依序為：一、死生；二、得；三、享；四、支；五、至；六、娶妻；七、雔；八、見；九、咎；十、瘳；十一、雨旱；十二、男女；十三、行；十四、貞丈夫女子；十五、小得；十六、戰；十七、成；十八、志事；十九、志事、軍旅；二十、四位表；二十一、四季吉凶；二十二、乾坤運轉；二十三、果；二十四、卦位圖、人身圖；二十五、天干與卦；二十六、祟；二十七、地支與卦；二十八、地支與爻；二十九、爻象；三十、十七命。原圖引自李學勤主編：《清華大學藏戰國竹簡（肆）》，頁77。

〔註7〕王化平、周燕：《萬物皆有數：數字卦與先秦易筮研究》，北京：人民出版社，2015年6月，頁160。

〔註8〕李守奎：〈清華簡《筮法》文字與文本特點略說〉，《深圳大學學報》（人文社

「《筮法》的體例猶如一幅帛書」的觀點出發，將《筮法》與長沙子彈庫帛書、馬王堆帛書和《漢書·食貨志》中記載的帛書形制進行對照，發現《筮法》的篇幅確實與帛書的形制十分相近，推測《筮法》的抄寫底本很有可能是一幅帛書。〔註9〕

　　除此之外，子居注意到《筮法》的行款大致以一、二節為一個整體，三至七節為一個整體，八至十三節為一個整體，十六、十七節為一個整體，二十一節至二十三節為一個整體，二十四至二十九節為一個整體，〔註10〕反映了《筮法》可能的區域規劃思路。

【圖1-2】子居《筮法》區域劃分示意圖〔註11〕

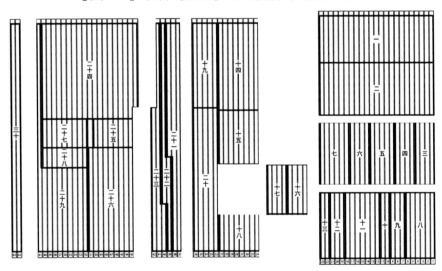

（二）《筮法》的文獻性質

　　關於《筮法》的文獻性質，整理小組提到「簡文詳細記述占筮的原理和方法」，〔註12〕從《筮法》通篇的內容來看，可以發現這並不單指《筮法》後半部關於基礎知識說明的部份，連《筮法》前半部的筮例也是如此。《筮法》與楚簡筮例的格式有很大的區別，楚簡筮例皆以一人一事為主，格式大致上

　　　　會科學版）第31卷第1期，2014年1月，頁58～59。

〔註9〕賈連翔：《戰國竹書形制及相關問題研究——以清華大學藏戰國竹簡為中心》，上海：中西書局，2015年10月，頁165。

〔註10〕子居：〈清華簡《筮法》解析（修訂稿下）〉，《周易研究》第129期，2015年1月，頁71。

〔註11〕原圖引自李學勤主編：《清華大學藏戰國竹簡（肆）》，頁77。

〔註12〕李學勤主編：《清華大學藏戰國竹簡（肆）》，頁75。

包含前辭、命辭、占辭、說辭、再占辭，有些還有紀錄後續發展的附辭，記卦符號則書寫於命辭或占辭之後，並不固定。〔註13〕而《筮法》的筮例既無前辭，亦無筮占後的說辭、再占辭及附辭，記卦符號也固定寫在筮例的最前面。命辭不是每一則筮例都有，大多數的命辭前帶有「凡」字，〔註14〕並且有一則占辭適用同命辭數則筮例的現象。〔註15〕就此來看，《筮法》的筮例並非針對一人一事的筮占紀錄，而是以命辭分類的方式，說明各命辭解卦方法的案例。因此《筮法》通篇都是占筮原理和方法的說明，應屬於實用的筮書。

　　而學界除了發現《筮法》是一部筮書之外，還深入探討了其性質。如李宛庭認為從《筮法》數字爻的形式來看，其組合應具有相當龐大的變化，然而《筮法》卻僅列出 57 種組合，說明其筮例經過篩選，可見《筮法》是一部統整了基本筮占規則及特例的筮書，以便在實際的筮占活動中能快速利用。〔註16〕王化平也有相同的看法，其從筮數頻率的角度認為〈征〉節這種「四五六七八九」連號的筮例，在實占中幾乎不可能出現，很有可能是《筮法》的作者為了說明判斷吉凶的某些原則而加以創造出來。〔註17〕梁韋弦則從解卦系統的角度來看待《筮法》的筮書性質，認為《筮法》:「省略了由對卦爻辭的解讀去分析吉凶之理的過程，直接按設定的規則即可判斷吉凶。也就是說這種筮書追求的是得出占問結果的快捷性，卻已失去了如

〔註13〕邴尚白:《葛陵楚簡研究》，臺北:臺灣大學出版中心，2009 年 12 月，頁142。

〔註14〕如「凡享」、「凡咎」、「凡瘳」等等，從〈志事〉、〈志事、軍旅〉兩節的「凡筮志事」、「如筮軍旅」來看，前半部筮例的「凡」應有「凡筮」的意思，也就是說「凡享」即「凡筮占享」、「凡咎」即「凡筮占咎」，以此類推。

〔註15〕〈貞丈夫女子〉就是最明顯的例子，該節一共有八組數字卦，其中「九一一九一一，九一一九六六」、「九一一九一一，九一一八六六」、「九一一九一一，八六一八六六」、「九一一九一一，九六六八六六」四組數字卦共用「凡貞丈夫，月夕乾之萃，乃純吉，亡春夏秋冬」一則占辭。而剩餘的四組數字卦「六六六六六六，六六六一一六」、「六六六六六六，六六六一六一」、「六六六六六六，六六六六一一」、「六六六六六六，六六六九六六」則共用「凡貞女子，月朝坤之萃，乃吉，亡春夏秋冬」一則占辭。李學勤主編:《清華大學藏戰國竹簡（肆）》，頁 98～99。

〔註16〕李宛庭:《戰國楚簡所見成對數字卦——以清華肆‧筮法為中心》，發表於「第四十七屆中區中文所碩博生研討會」，南投:國立暨南大學中國語文學系，2015 年，頁 137～138。

〔註17〕王化平、周燕:《萬物皆有數:數字卦與先秦易筮研究》，頁 161～163。關於《筮法》的筮例生造問題，李尚信有更詳細的研究，請參本章「成卦法」的回顧。

馬王堆帛書《易傳》中孔子所說的「觀其德義」的作用,是一種更純粹的占筮書。」〔註18〕

　　綜上所述,可以知道《筮法》應是一部經過統整的實用筮書,有助於筮人在實際筮占活動中快速判斷吉凶。而《筮法》是一部筮書這點則說明了其中所記載的筮占系統已行之有年,否則不會被整理成筮書,顯現先秦除了三《易》之外,還有其它實用的易筮系統存在。

二、《筮法》的文字相關研究

　　文字釋讀向來是解讀出土文獻最初且最為重要的一步,這點對《筮法》來說自然也不能例外,在《清華四》出版後,至今已有許多學者投入《筮法》的文字解詁工作中。綜而觀之,這方面的研究主要有兩個重點,其一是文字的考釋及補充,其二則是文字的特色。

(一)文字的釋讀

　　雖然整理小組已有相當完整的釋讀,但仍有不少學者認為其中還有一些可議之處,如李守奎、〔註19〕孫合肥、〔註20〕程燕、〔註21〕劉剛、〔註22〕郭永秉、〔註23〕劉雲、〔註24〕駱尹珍、〔註25〕季旭昇、〔註26〕子居、〔註27〕程

〔註18〕梁韋弦:〈有關清華簡《筮法》的幾個問題〉,《周易研究》第 126 期,2014 年7 月,頁 23。

〔註19〕李守奎:〈清華簡《筮法》文字與文本特點略說〉,頁 58～62。

〔註20〕孫合肥:〈清華簡《筮法》箚記一則〉,復旦大學出土文獻與古文字研究中心網站,網址:http://www.fdgwz.org.cn/Web/Show/2222(2014 年 1 月 25 日)。

〔註21〕程燕:〈談清華簡《筮法》中的「坤」字〉,《周易研究》第 124 期(2014 年 3月),頁 19～20、31。

〔註22〕劉剛:〈讀《清華簡四》札記〉,復旦大學出土文獻與古文字研究中心網站,網址:http://www.fdgwz.org.cn/Web/Show/2209(2014 年 1 月 8 日)。

〔註23〕郭永秉:〈說「慶忌」〉,復旦大學出土文獻與古文字研究中心網站,網址:http://www.fdgwz.org.cn/Web/Show/2210(2014 年 1 月 8 日)。

〔註24〕劉雲:〈釋清華簡《筮法》中的「正」字〉,復旦大學出土文獻與古文字研究中心網站,網址:http://www.fdgwz.org.cn/Web/Show/2220(2014 年 1 月 21 日)。

〔註25〕駱珍伊:〈說「旰日」〉,武漢大學簡帛網,網址:http://47.75.114.199/show_article.php?id=1981(2014 年 1 月 11 日)。

〔註26〕季旭昇:〈清華四芻議:聞問,凡是(徵)〉,收錄於復旦大學出土文獻與古文字研究中心編:《出土文獻與古文字研究》,上海:復旦大學出土文獻與古文字研究中心,2015 年 2 月,頁 283～290。

〔註27〕此文最早發表於清華大學簡帛研究網《學燈》第三十期(網址已失效),刊

薇、〔註 28〕付強、〔註 29〕黃杰、〔註 30〕侯乃峰、〔註 31〕袁金平、李偉偉、〔註 32〕金宇祥〔註 33〕等學者都曾針對整理小組的釋讀進行修正或補充。其中，子居的〈清華簡《筮法》解析〉是最早對《筮法》通篇進行校讀的文章，其論雖不完全以文字校釋為主，但仍針對 【簡 11】、【簡 5】、【簡 19】等疑難字進行解讀。值得注意的是《筮法》中有不少解卦術語，使得《筮法》的文字研究在一定程度上也是對其解卦原則的探析，如〈死生〉節中的 （虛）【簡 1】、（兀）【簡 19】或者是〈得〉節的 （覆數）【簡 11】都是如此。而除了上述幾篇文章之外，李宛庭、〔註 34〕焦勝男〔註 35〕與劉佳佩〔註 36〕三位研究生亦集結學者的研究成果，先後完成了《筮法》的集釋工作。此外，2019 年 4 月季旭昇還出版了《清華大學藏戰國竹簡（肆）讀本》一書，〔註 37〕亦對《筮法》進行了全面性的集釋工作。可知在諸多學者的努力之下，《筮法》的文字釋讀研究至今已累積了相當可觀的研究成果，惟諸如 、夌、、

載日期為 2014 年的 4 月。後經修訂分為上下分別刊載於《周易研究》第 128 期與 129 期。子居：〈清華簡《筮法》解析（修訂稿上）〉，《周易研究》第 128 期，2014 年 11 月；子居：〈清華簡《筮法》解析（修訂稿下）〉，《周易研究》第 129 期，2015 年 1 月。

〔註 28〕程薇：〈試釋清華簡《筮法》中的 字〉，《深圳大學學報》（人文社會科學版）31 卷第 3 期（2014 年 5 月），頁 60～61。

〔註 29〕付強：〈說清華簡《筮法》中釋為「奴」之字〉，武漢大學簡帛網，網址：http://47.75.114.199/show_article.php?id=2016（2014 年 5 月 6 日）。

〔註 30〕黃杰：〈清華簡《筮法》補釋〉，《周易研究》第 142 期，2017 年 3 月，頁 16～23。

〔註 31〕侯乃峰：〈釋清華簡《筮法》的幾處文字與卦爻取象〉，《周易研究》第 130 期，2015 年 3 月，頁 19～22。

〔註 32〕袁金平、李偉偉：〈清華簡《筮法·祟》與睡虎地秦簡《日書甲種·詰》對讀札記〉，《周易研究》第 133 期，2015 年 9 月，頁 38～41。

〔註 33〕金宇祥：〈《清華肆·筮法》淺議〉，發表於「《中國文學研究》第四十二期暨第三十二屆論文發表會」，臺北：臺灣大學中國文學系主辦，2016 年 4 月 16 日。

〔註 34〕李宛庭：《清華大學藏戰國竹簡（肆）·筮法研究》，臺中：國立中興大學中國文學研究所碩士論文，2015 年。

〔註 35〕焦勝男：《清華簡《筮法》集釋》，合肥：安徽大學碩士論文，2016 年。

〔註 36〕劉佳佩：《清華簡《筮法》研究》，新竹：國立新竹教育大學中國語文學系碩士論文，2017 年。

〔註 37〕季旭昇主編：《清華大學藏戰國竹簡（肆）讀本》，臺北：萬卷樓圖書，2019 年 4 月。

樹、、粒、等字尚有較大的爭議，因此本文擬在前人奠定的釋讀基礎上稍作補充或辨析，冀望能夠更正確、深入地理解《筮法》的內容。

（二）文字的特色

除了文字釋讀之外，學界還發現《筮法》若干文字的寫法與楚文字常見的構形並不相同。如李守奎認為《筮法》的部份字形有「存古」、「異域」的特點，「存古」指文字保留了甲骨、金文中的寫法，如（讎）【簡18】、（象）【簡52】、（卒）【簡28】等字。「異域」則指文字構型有他系文字的特點，如（返）【簡40】、（夕）【簡3】等字就具有晉系文字的特點。〔註38〕其中關於《筮法》的文字異域現象其他學者亦有提及，如李宛庭也提到《筮法》（與）【簡44】字的寫法很有可能是由晉系文字中的「坤」進一步演變而來。〔註39〕除了晉系文字外，劉雲認為《筮法》還有部份字形帶有齊系文字的風格，如（卒）【簡28】、（癒）【簡2】字中丙形的寫法以及（是）【簡24】字上方的形，都可能是根據齊系文字的寫法而來。〔註40〕

綜上可知，《筮法》有許多文字別具特色，有些保留了甲骨、金文的寫法，也有些文字與齊系、晉系文字的寫法相近，由於這種現象不是個案，因此李守奎認為這已經成為了一種用字習慣，雖然不能確定這究竟是由底本或是書手導致，但很有可能與文獻的傳鈔地域有關。〔註41〕而本研究在釋讀簡文時，亦會針對相關文字進行說解。

三、《筮法》的筮占體系研究

由於《筮法》與以往零散的數字卦材料不同，記載了一套與《周易》有別的易筮系統，因此《筮法》的筮占體系也是學界亟欲探討的課題之一。目前學界對於《筮法》的系統研究，基本圍繞在「成卦法」及「解卦法」兩個層面上，以下將就這兩個主題一一闡明研究現況。

〔註38〕除了存古、異域的特點之外，李守奎也注意到《筮法》的文字還有異寫及分化的狀況。李守奎：〈清華簡《筮法》文字與文本特點略說〉，頁59～60。
〔註39〕李宛庭：《清華大學藏戰國竹簡（肆）·筮法研究》，頁110～111。
〔註40〕劉雲：〈釋清華簡《筮法》中的「正」字〉，復旦大學出土文獻與古文字研究中心網站，網址：http://www.fdgwz.org.cn/Web/Show/2220（2014年1月21日）。
〔註41〕李守奎：〈清華簡《筮法》文字與文本特點略說〉，頁59～60。

（一）成卦法

由於《筮法》並沒有詳細記載其成卦的具體方法，因此在提到《筮法》成卦法的相關研究之前，不得不先提到《筮法》的筮數研究，因為這是目前學界推演成卦法的主要依據。這方面的研究有兩個主軸，一是筮數的種類，二是筮數的概率。首先關於筮數的種類問題，單從記卦符號來看，《筮法》使用了 ⊐、ㄨ、ハ、一、八、⇁ 六種符號來記錄卦畫，從字形來看分別是四、五、六、一、八、九。其中六、四、五、九雖然與常見的楚簡數字寫法不同，但由於在同簡的簡序編號中可以看到相同的字形，故可確定 ハ、⊐、ㄨ、⇁ 應該是較簡的數字寫法。而「一」雖然就字形來看是數字一，但大多數的學者都認為 一 應該代表數字七。這個觀點最早由廖名春提出，其根據〈地支與爻〉「寅申 一」的條目推測 一 即是七，〔註42〕王新春、子居等學者引放馬灘秦簡《日書》：「子水九、丑八金、寅七火、卯六木、辰五水、巳四金、午九火、未八木、申七水、酉六金、戌五火、亥四木。【180~191】」支持廖名春的看法，〔註43〕只是為何筮數七會寫為 一 目前學界並沒有很好的解釋。因此，目前關於《筮法》成卦法的模擬皆是假定其用數為四、五、六、七、八、九。至於筮數的概率問題，若細查《筮法》前半部的筮例，可以發現各筮數的出現頻率相當地懸殊。經統計，《筮法》前半部的筮例有 57 組卦畫，共 684 個爻位，各筮數的出現頻率如下表：

【表 1-1】《筮法》筮數頻率統計表

占筮符號	⊐	ㄨ	ハ	一	八	⇁
數字	四	五	六	七	八	九
出現次數	7	13	323	308	10	23

其中六、七兩數相加的比例為 92.25%，四、五、八、九相加才 7.75%。學界在推衍成卦法時，都十分注重六、七比例較高而四、五、八、九機率較低的現象。而目前關於《筮法》成卦法的推測，大致上都是建立在《筮法》的用數是四、五、六、七、八、九與筮數出現頻率相差甚大這兩個條件之上。

〔註42〕廖名春：〈清華簡《筮法》篇與《說卦傳》〉，《文物》2013 年第 8 期，2013 年 8 月，頁 70。

〔註43〕王新春：〈清華簡《筮法》的學術史意義〉，《周易研究》第 128 期，2014 年 11 月，頁 12。子居：〈清華簡《筮法》解析（修訂稿下）〉，頁 69。

　　而除了這兩個條件之外，《筮法》成卦法的模擬還有另外一個重要的依據。如前所述，由於《筮法》沒有成卦方法的具體說明，故研究初期李學勤推測〈十七命〉節中「乃力占之」的「力」應讀為「扐」，指大衍筮法將蓍草夾在手中的動作，並據此推斷《筮法》應使用蓍草一類的筮具成卦。〔註44〕這個說法引起學界的共鳴，目前《筮法》成卦法的模擬基本上都是以現今僅存的「大衍筮法」為藍本，去推斷其可能的成卦方法。

　　截至目前為止，一共有程浩、賈連翔、劉彬、賴少偉四位學者模擬過《筮法》可能的成卦法。首先，程浩受到王家台秦墓出土的 60 根算籌啟發，推測「大衍之數五十」可能不是當時成卦法的通用數，並懷疑「大衍之數五十」原為「大衍之數五十五」，以五十五之數作為《筮法》的起占數加以模擬。程浩省略了「其用四十有九」的步驟，直接將五十五之數分二、挂一、揲四、歸奇，歷經五變之後即得到 36、32、28、24、20、16 其中之一，除以四之後符合《筮法》的用數。且計算各數機率，發現六、七兩數的出現頻率合計接近三分之二，符合《筮法》六、七兩數頻率較高的現象。〔註45〕

　　賈連翔則將大衍筮法「分而為二以象兩，挂一以象三」步驟中的「挂一」理解為一綑蓍草而非一根蓍草，也就是說「挂一」實際上是指把蓍草隨機分成三堆。經過三變並除以四之後亦會得到 9、8、7、6、5、4 之一，且六、七的機率高達 75.98%，同樣符合《筮法》六、七頻率高的現象。〔註46〕

　　劉彬受到前面兩位學者的啟發，同意程浩「先秦用於成卦的算籌或不超過 60 根」的說法，並嘗試以不同的起占數模擬成卦。最後發現用 56 根、57 根、58 根蓍草起占，並經過大衍筮法「取一」、「分二」、「挂一」、「揲四」、「歸奇」的步驟，五變之後都會得到 9、8、7、6、5、4 六個數字。經過機率計算，三種起占數所得出的六、七機率皆是最高，合計 62.5%；五、八次之，合計 31.25%；四、九機率最低，僅 6.25%。劉彬認為這個機率雖然符合《筮法》六、七兩數出現頻率較高的現象，但六、七兩數遠遠不及《筮法》合計

〔註44〕整理小組將這裡的「力」讀為「扐」，李學勤認為這即是指大衍筮法中「歸奇於扐以象閏」的步驟。李學勤：〈清華簡《筮法》與數字卦問題〉，《文物》2013 年第 8 期，2013 年 8 月，頁 66。

〔註45〕程浩：〈《筮法》占法與「大衍之數」〉，《深圳大學學報》（人文社會科學版）31 卷第 1 期，2014 年 1 月，頁 62～64。

〔註46〕賈連翔：〈清華簡《筮法》與楚地數字卦演算方法的推求〉，《深圳大學學報》（人文社會科學版）31 卷第 3 期，2014 年 5 月，頁 57～60。

高達 92.24% 的比例，且八、五的出現機率也明顯高於《筮法》。對此，劉彬認為這有可能是《筮法》的樣本數過少，或是筮數經過作者刻意的選擇，從而影響了筮數的真實頻率。〔註47〕

賴少偉在研究過以上三位學者的成卦法模擬後，發現劉彬以 58 根蓍草起占的筮數機率分布最接近八、五、九、四的筮數概率。〔註48〕並認為從實際操演來看，58 根蓍草其實只用了 57 根，因此賴少偉刪去劉彬「取一」的步驟，以 57 根蓍草經過「分二」、「挂一」、「揲四」、「歸奇」得到與劉彬相同的結果。此外，賴少偉透過王家台秦簡出土六十根算籌的事實，推測先秦巫者很有可能是預先準備好一綑蓍草，並依照不同的筮占法取用相應的策數成卦。〔註49〕

以上是目前學界對《筮法》成卦法的模擬，只不過隨著研究的深入，學者們慢慢發現《筮法》成卦法模擬的先決條件並不可靠，首先《筮法》的成卦法是否能以大衍筮法為藍本本身就有問題。雖然先秦流傳下來的成卦法僅存大衍筮法，只能以此為模擬的切入點，但《筮法》與《周易》的用數不同，是否能直接套用大衍筮法的揲筮過程是一大疑慮。再者，王化平發現〈十七命〉「乃力占之」的「力」字很有可能不讀為「扐」，而是應該如字讀，為「力求」之意。〔註50〕如此一來，〈十七命〉的「乃力占之」就與成卦法無關，不能作為《筮法》與「大衍筮法」密切相關的有力證據。

另外，誠如劉彬「《筮法》是否反映了筮數真實頻率？」的疑慮，李尚信在細查《筮法》的筮數分布及其占辭內容後，發現《筮法》的筮例很有可能是具有選擇性與針對性的假想例，故《筮法》的筮數頻率並不能反映真實的概率，以這個概率去模擬的成卦法自然也不具有真實性。〔註51〕

〔註47〕劉彬：〈清華簡《筮法》筮數的三種可能演算〉，《周易研究》第 126 期，2014 年 7 月，頁 24～28。

〔註48〕李學勤曾經提到〈爻象〉節以八、五、九、四為序有可能另有深意，因為就楚簡數字卦的筮數概率來看，除了常見的一、六外，八較多，五次之，九更少，四則未見，推測八、五、九、四之序可能不是偶然。而是與筮數的出現機率有關，所以這裡所說的筮數機率乃是指李學勤「八、五、九、四」所反映由高至低的筮數機率。李學勤說請參〈清華簡《筮法》與數字卦問題〉，頁 68。

〔註49〕賴少偉：〈戰國楚簡數字卦演卦方法補議〉，《統計與決策》第 491 期，2017 年 12 月，頁 67～71。

〔註50〕王化平、周燕：《萬物皆有數：數字卦與先秦易筮研究》，頁 192～198。

〔註51〕若以《筮法》四、五、八、九出現頻率極低的現象來看，〈貞丈夫女子〉「九一一九一一；九一一九六六。九一一九一一；九一一八六六。九一一九一一，

綜上所述，可知目前學界對《筮法》成卦法的模擬皆建立在不穩固的研究基礎之上，諸位學者的模擬結果都止於假設，很有可能不是《筮法》真正的成卦法。只不過包山、新蔡、天星觀簡的筮數也是六、七比例較高，五、八、九的比例較低，〔註52〕因此《筮法》「六、七頻率較高，四、五、八、九頻率較低」的現象是符合實際狀況的。故四位學者的模擬，仍證明了使用蓍草以某種推揲方法得出六、七機率較高，四、五、八、九機率較低的成卦法有可能存在。只是《筮法》畢竟沒有成卦法的確切記載，加上筮數可能經過刻意的選擇，目前還很難就現有的筮數頻率反推《筮法》真實的成卦法。同時，在《筮法》未說明具體成卦法的狀況下，目前《筮法》的成卦法研究很難有更進一步的開展。

（二）解卦法及其知識系統

《筮法》作為一部經過統整的易筮文獻，記錄了相當多樣的解卦術語及知識，前半部的筮例部份有「虛」、「惡爻」、「淆」、「數」、「述日」、「當日」、「三同一」、「同次」、「相見」、「妻夫」、「男女」、「昭穆」、「上毀」、「左右」等解卦術語；後半部則有「四位卦」、「天干與卦」、「地支與卦」、「地支與爻」、「乾坤運轉」、「人身圖」、「卦位圖」、「爻象」與「四季吉凶」等基礎知識，可見《筮法》的解卦手段相當多元。因此，亦有不少學者對解卦術語及其背景知識提出解讀意見，如王化平〈讀清華簡《筮法》隨箚〉、〔註53〕蔡飛舟〈清華簡《筮法》補釋〉、〔註54〕季旭昇〈清華簡《筮法》昭穆淺議〉〔註55〕

八六一八六六。九一一九一一；九六六八六六，凡貞丈夫，月夕乾之萃，乃純吉，亡春夏秋冬。」以及〈征〉節「四五六七八九；四五六七八九，凡戰，內勝外。」的筮例皆難以在實占中出現。李尚信：〈清華簡《筮法》筮例並非筮占實例〉，《深圳大學學報》（人文社會科學版）第33卷第2期，2016月3月，頁55～57。

〔註52〕《筮法》和楚簡數字卦最大的不同，在於楚簡數字卦並沒出現筮數四，而沒有出現筮數四的原因，賈連翔認為是四難以筮得的緣故。事實上，楚簡中的實占例本身就十分零散，數量也不多，從九、八、五都只有零星出現的現象來看，四沒有出現在楚簡實占例中，確實有可能與筮得機率較低有關。賈連翔：〈清華簡《筮法》與楚地數字卦演算方法的推求〉，頁59。

〔註53〕王化平：〈讀清華簡《筮法》隨箚〉，《周易研究》第125期，2014月5月，頁71～76。其內容後收錄至《萬物皆有數：數字卦與先秦易筮研究》中。

〔註54〕蔡飛舟：〈清華簡《筮法》補釋〉，《周易研究》第130期，2015月3月，頁10～18。

〔註55〕季旭昇：〈清華簡《筮法》昭穆淺議〉，復旦大學簡帛網，網址 http://www.fdgwz.org.cn/Web/Show/2261（2014年5月2日）。

等文章都針對了部份解卦術語進行辨析。除此之外，〈卦位圖〉與《說卦傳》的後天八卦卦位相近卻又有坎離倒反的現象，同時還牽涉五行的運用，關係錯綜複雜，亦吸引多名學者撰文探討。〔註56〕

　　除了個別的解卦術語及知識體系的探究外，學者們同時也嘗試從中歸納出《筮法》的解卦系統。如陳睿宏認為《筮法》多取卦象作為占斷依據，主要取象有「六子卦的四時吉凶之象」、「陰陽卦的夫妻之象」、「陰陽卦的男女之象」、「八卦的方位之象」、「八卦的五行之象」五類。〔註57〕王化平則提到《筮法》的解卦系統大致上以「四位卦」為基礎，並以父母六子卦為主，利用卦圖連結卦與時空的關係，注重卦與卦、爻與爻之間的聯繫以及八卦與時空的對應，再輔以爻（四、五、八、九）、數（兌卦）以及由「卦位圖」產生的各類解卦手段占斷吉凶。〔註58〕李宛庭除了為《筮法》進行集釋之外，還整理了《筮法》的解卦系統，提到《筮法》的解卦原則以「卦的組合形式」、「卦與爻的物象類比轉換」、「三一卦位」以及「陰、陽」為主要框架。並從《筮法》後半部的內容多與經卦有關，推測《筮法》實占的取象以卦象為主，爻象為輔。〔註59〕謝炳軍則從《筮法》前半部的筮例中歸納出《筮法》有「三同一異的卦位」、「裁減卦體」、「比較對卦的數字爻」、「內外卦的

〔註56〕〈卦位圖〉除了坎離倒反外，從簡文中尚見八卦與五行的搭配，因此〈卦位圖〉除了與《說卦傳》中的後天卦位圖有關之外，還與五行配易的概念有關。針對〈卦位圖〉的卦位及八卦與四時、五行、物象配對進行討論的文章，最早為廖名春〈清華簡《筮法》篇與《說卦傳》〉，其後張克賓：〈論清華簡《筮法》卦位圖與四時吉凶〉，《周易研究》第124期，2014年3月，頁12～18。蔡運章：〈清華簡〈卦位圖〉哲學思想考辨〉，收錄於江林昌主編：《清華簡與儒家經典》，上海：上海古籍出版社，2017年10月，頁140～151。程少軒：〈清華簡《筮法》「坎離易位」試解〉，《中國文字》新41期，2015年7月，頁175～181。馮時：〈清華《筮法》卦位圖所見陰陽觀〉，《哲學與文化》第42卷第10期，2015年10月，頁43～58。子居：〈清華簡《筮法》解析（修訂稿下）〉、梁韋弦：〈有關清華簡《筮法》的幾個問題〉、陳睿宏：〈清華大學藏戰國竹簡《筮法》論譚〉、劉震：〈清華簡《筮法》與《左傳》、《國語》筮例比較研究〉，《周易研究》第131期，2015年5月、王化平、周燕：《萬物皆有數：數字卦與先秦易筮研究》、李宛庭：《清華大學藏戰國竹簡（肆）・筮法研究》等文章都討論了相關問題，這方面的研究概況可參本章「《筮法》與先秦兩漢易學研究」之研究回顧。

〔註57〕陳睿宏：〈清華大學藏戰國竹簡《筮法》論譚〉，頁191～192。

〔註58〕王化平、周燕：《萬物皆有數：數字卦與先秦易筮研究》，頁175～184。

〔註59〕李宛庭：《清華大學藏戰國竹簡（肆）・筮法研究》，頁41、166～173。

數字和」、「父母六子及各類爻象」五種主要的筮占手段。〔註 60〕此外，曹振岳從《筮法》後半部的內容發現《筮法》有四種主要的解卦手段、三個解卦步驟，四種方法分別為「四位八卦分析法」、「四季吉凶分析法」、「天干地支分析法」、「卦象爻象分析法」。三個解卦步驟一是「將占問事項分類並選擇與事類對應的解卦原則」，也就是〈果〉節中提及的內容。二是「看具體的卦象、爻象」，其認為〈爻象〉節中各筮數的代表物象，在筮占吉凶判斷中有重要的地位，並認為八卦也有類似的卦象系統，並運用在實際筮占中，「父母六子」即是此步驟的運用。三是「分析四位卦」。曹振岳認為這三個解卦步驟的順序並非固定，可能優先以某種步驟解卦，得出結果後便不需要使用其他步驟解卦。〔註 61〕

　　綜上所述，可知目前學界對《筮法》的解卦術語、知識乃至於整個解卦系統已有初步的解讀與整理，只不過諸位學者的歸納略有不同，或可加以整合。因此本文擬在前輩學者的研究基礎上，重新梳理《筮法》的解卦原則，並進一步整理、歸納其解卦系統。

四、《筮法》與先秦兩漢易學研究

　　《筮法》的內容涉及先秦諸多易學理論，因此也有不少學者透過互證，論述《筮法》與這些理論之間的關係。綜合來看，學界目前在這方面的研究大致上可以分為先秦數字卦、三《易》與漢代易學三個面向，以下便就這三個面向概述學界這方面的研究成果及其未竟之處。

（一）與先秦數字卦的聯繫

　　先秦數字卦的研究自 1980 年張政烺〈試釋周初青銅器銘文中的易卦〉一文開展自今已逾四十年。〔註 62〕若以年代、書寫材料及內容性質再細分，則可區分為商周數字卦與楚簡數字卦兩類，前者刻於甲骨、青銅器或石、陶器上，大多只存卦畫，難以確定其性質；後者則書於竹簡上，除了記卦符號外尚記錄了筮辭，為實際筮占的紀錄。這方面的研究，因為兩者的內容有所差

〔註 60〕謝炳軍：〈清華簡《筮法》理論性與體系性新探〉，《理論月刊》2015 年第 6 期，2015 年 6 月，頁 54～55。

〔註 61〕曹振岳：《清華簡《筮法》研究》，曲阜：曲阜師範大學碩士論文，2015 年，頁 20～28。

〔註 62〕張政烺著、李零等整理：《張政烺論易叢稿》，頁 6～29。

異，使得學界側重的地方也不盡相同。

1. 楚簡數字卦

由於《筮法》與楚簡數字卦在記卦符號及卦位形式的層面上有高度相似性，使學界最先注意到兩者之間的聯繫。首先是楚簡易卦的符號問題，在《筮法》出現之前，楚簡易卦一直存在著到底是用數字還是陰陽符號記卦的問題。雖然有許多學者認為應該是數字，但李學勤在 1999 年時仍提出這些符號都是陰陽卦畫而非數字的看法。〔註63〕不過，隨著《筮法》的出現，李學勤一改原先的看法，認為楚簡易卦的符號皆是數字，〔註64〕這也是《筮法》出土後大多數學者認同的觀點。

接著，在兩者筮占用數十分相近的認知基礎上，部份學者更進一步地將《筮法》的解卦原則與內容較為完整的包山簡筮例進行對比，推測楚簡數字卦很有可能使用了《筮法》一系的解卦系統，因為楚簡數字卦的卦畫也都是兩兩成對，與《筮法》的卦位形式相同。如馬楠、李銳、王化平三位學者都進行過比對研究，並得出《筮法》的解卦原則與包山簡的筮例基本相合或大同小異的結論。〔註65〕只不過，包山簡的筮例實際上僅列出筮占結果，並沒有任何與解卦有關的蛛絲馬跡，因此很難判斷這些筮例具體運用了《筮法》的哪一種解卦法來得出筮占結果。此外，有些學者將「恆貞吉」視為實際的筮占結果並做為比對的依據，但王化平發現「恆貞吉」在每則筮例中皆有出現，顯然是筮占記錄的套語，未必有實際的意義，〔註66〕因此用「恆貞吉」作為對比的依據似乎不恰當。事實上，也有學者對兩者解卦系統的聯繫持保守態度，如董春對照〈祟〉節與包山簡筮例的內容，懷疑包山簡與《筮法》的判斷原理可能有很大的區別。〔註67〕就此來看，楚簡是否使用了《筮法》的解卦系統，具體使用了什麼解卦方式還需要進一步的釐清，只不過這方面研究的困境與《筮法》成卦法的模擬十分相似。如上所述，由於楚簡筮例並沒有任

〔註63〕李學勤：《周易溯源》，頁 280～284。

〔註64〕李學勤：〈清華簡《筮法》與數字卦問題〉，頁 68。

〔註65〕馬楠：〈清華簡《《筮法》二題〉，《深圳大學學報》（人文社會科學版）31 卷第 1 期，2014 年 1 月，頁 65。李銳：〈讀清華簡《筮法》箚記〉，《出土文獻研究》第 15 輯，2016 年 7 月，頁 89～132。王化平、周燕：《萬物皆有數：數字卦與先秦易筮研究》，頁 200～203。

〔註66〕王化平、周燕：《萬物皆有數：數字卦與先秦易筮研究》，頁 202。

〔註67〕董春：〈論清華簡《筮法》之祟〉，收錄於江林昌主編《清華簡與儒家經典》，上海：上海古籍出版社，2017 年 10 月，頁 99～100。

何與解卦有關的蛛絲馬跡，因此很難判斷這些筮例究竟具體運用何種方法解卦，兩者之間的對比同樣僅能止於假設。不過單就用數體系與卦位形式兩個層面來看，大部份的學者仍認為兩者之間的關係可能十分密切。

2. 商周數字卦

商周數字卦的時空跨度廣，比起楚簡數字卦更加缺乏文字方面的證據，因此這個方面的研究大致上以用數體系與記卦符號的問題為主。有兩個研究方向，一是從《筮法》來看商周數字卦用數體系的問題。二是《筮法》與商周數字卦之間的傳承問題。

假如提到商周數字卦的用數體系問題，大概沒有學者不會想到李學勤的「商周數字卦兩系說」。李學勤在 1987 年發表了〈西周筮數陶罐研究〉一文，將商周數字卦加以分類成兩種用數傾向，一種多用一、六、七而少用五、八、九，可稱為揲筮法甲；另一種則多用一、六而沒有七，少用五、八、九，可稱為揲筮法乙，兩者的主要區別在於有沒有使用筮數七。〔註68〕然而，《筮法》以一代七的現象，使人懷疑商周數字卦是否有一、七轉寫的可能性，因為一、七轉寫的假設一但成立，那麼商周數字卦的「一」就有可能是「七」的替代數，如此一來李學勤以有沒有七來區分兩種揲筮法的觀點將備受挑戰。對此，劉光勝首先指出李學勤的揲筮法甲中就有一、七共存的案例，應無一、七互相替代的可能性。因此揲筮法甲與不見七的揲筮法乙仍有明顯的區別，只不過李學勤以有沒有七來區分揲筮法甲、乙的觀點不確，因為揲筮法乙可能將七轉寫成一，也就是說揲筮法乙並不是沒有七，而是把七轉寫成一。〔註69〕言下之意，揲筮法甲與揲筮法乙的區別，並不在於有沒有七，而是有沒有將七轉寫成一。

賈連翔則透過《筮法》以一代七的現象，反向思考商周數字卦的用數體系或許可以用一和七來區分。這個假設如果要成立，必須解決揲筮法甲中一、七共存的現象。賈連翔細查揲筮法甲中一、七共存的案例，發現這些案例中的「一」皆緊連七的上下或是六的上方書寫，推測揲筮法甲中一、七共存的現象，實際上是合文書寫的不規範或筆畫殘損造成的，也就是說揲筮法甲並不存在一、七共存的現象，因此賈連翔認為揲筮法甲、乙的區別在於使用了

〔註68〕此文後收錄於《周易溯源》中，頁 231。

〔註69〕劉光勝：〈從清華簡《筮法》看早期易學轉進〉，《歷史月刊》2015 年第 5 期，2015 年 10 月，頁 85～87。

一或是七。〔註70〕

李尚信則認為雖然《筮法》有以一代七的現象，但揲筮法甲一、七共存的案例說明商周數字卦用數體系的問題並沒有那麼簡單。對此，李尚信受到廖名春「筮數轉寫」的理論啟發提出了一個假設，〔註71〕即商周數字卦的「一」很有可能是一個不確定的替代數，隨著時間、地點甚至是巫者、占法的不同被用以代替不同的數字，如揲筮法甲一、七共存的案例中，一可能代替了五、九兩數，而在揲筮法乙中則可能與《筮法》相同為七的替換數。〔註72〕只是李學勤的商周數字卦兩系說，是建立在這些數字卦畫等於真實筮數的前提之上，如果商周數字卦有一有取代五、七、九的可能，那麼是否也代表偶數頻率最高的六也有這種狀況，顯現了商周數字卦問題的複雜性。

綜而觀之，已經有學者透過《筮法》的筮數現象對李學勤「商周數字卦兩系說」的觀點提出修正，只不過諸位學者的看法仍不太一致。至於商周數字卦有沒有轉寫的可能，則會大幅影響商周數字卦的用數體系研究，按照賈連翔的研究成果來看，如果揲筮法乙的「一」都是「七」的轉寫，那麼揲筮法甲、乙的實際用數基本一致，兩者的區別僅在於用「七」還是用「一」記錄的問題，屬於記錄使用符號不同的層次，而非成卦法得數的層次。再者，若假設揲筮法乙與《筮法》相同皆是以一代七，那就說明在揲筮法乙的年代，「一」已經具備陽爻的概念，那麼殷墟劉家橋村北卜骨及殷墟苗圃北地 M80 出土的數字卦磨石又為何一、七數字卦雜出而不是統一寫成「一」？又或者揲筮法乙的實際用數都是七，那麼何時、為何以「一」來代替「七」也變成需要解決的問題，就此來看，商周數字卦的用數體系還有深入探討的空間。

至於《筮法》與商周數字卦之間的傳承問題，又可以細分成「用數體系的傳承」與「陰陽卦畫的發展」兩個面向來談。首先關於用數體系的傳承，李學勤曾在 2014 年底於山東煙台大學舉辦的「清華簡與儒家經典專題國際學術研討會」上提到一個問題——「《筮法》數字卦是不是繼承商周數字卦中

〔註70〕賈連翔：〈試論出土數字卦材料的用數體系〉，《周易研究》第 128 期，2014 年 11 月，頁 29～32。

〔註71〕廖名春認為按照或然率，每個筮數出現的機率應大致相等，不可能如《筮法》那樣懸殊，可能的解釋是《筮法》的一、八已相當於陰陽爻，只在特殊的狀況下才將囗、乂、八、一寫出，不轉寫成一、八。廖名春：〈清華簡《筮法》篇與《說卦傳》〉，頁 70。

〔註72〕李尚信：〈論清華簡《筮法》的筮數系統及其相關問題〉，頁 10。

不用七的呢？」〔註73〕對此，劉光勝指出兩者的關係十分相近，的確有這個可能。〔註74〕此外，劉成群也認為楚簡數字卦很有可能是揲筮法乙的孑遺，亦贊同揲筮法乙也是以一代七，用數與楚簡數字卦十分相近。〔註75〕只不過如上所述，這個議題的大前提—商周數字卦用數體系的問題本就還有爭議，因此必須先釐清商周數字卦的用數體系問題，才有辦法進行這方面的研究。

　　其次關於陰陽卦畫的形成問題，事實上這個問題自數字卦的概念被提出以來，學界一直有不小的爭論，而這個爭議大致上又圍繞在「陰陽卦畫是不是由數字演變而來」以及「陰陽卦畫的形成時間」兩個問題上。關於前者，張政烺曾在〈試釋周初青銅器銘文中的易卦〉一文中提出「筮數兼併」的理論，認為筮數二、三、四有往一、六兼併的現象，並在〈易辨〉一文中提到「一的內涵有三，六的內涵有二、四，已經帶有符號性質，表明一種抽象的概念，可以看做陰陽爻的萌芽了。」〔註76〕這個說法也被許多學者所接受，不過李宗焜反對這個說法並提出幾點質疑：首先，如果陰陽爻是筮數兼併的最終結果，那麼為何一些戰國中晚期乃至於西漢的數字卦材料中，還有多個數字組成的卦畫呢？其次，就先秦出土的易學材料來看，秦簡《歸藏》用的是一、∧，上博《周易》、馬王堆《周易》用的是一、八，如果陰陽爻是由筮數兼併而來，那麼為何在時代相差無幾的易學文獻中還會有兩種陰爻符號呢？因此李宗焜認為陰陽符號與數字爻是不同的系統，不存在一脈相承關係。〔註77〕然而，

〔註73〕李學勤：〈對清華簡《筮法》的五點認識和五個問題〉，此為李學勤在 2014 年 12 月「清華簡與儒家經典專題國際學術研討會」中所進行的專題演講，後經整理刊於《濟南大學學報》第 26 卷第 3 期，2016 年 5 月，頁 8。

〔註74〕劉光勝認為《筮法》與揲筮法乙有五點相同與兩點不同，相同之處一是用數基本相同；二是一、六出現頻率較高，其餘筮數出現頻率較低的現象基本相同；三是兩者皆有兩卦並占的形式；四是沒有一、七共存的現象；五是揲筮法乙與《筮法》皆不用《周易》卦爻辭。不同之處則是揲筮法乙尚有單卦占的形式，且各筮數的實際頻率仍有所差異，因此劉光勝認為雖然尚不能斷定楚地筮法源自揲筮法乙，但如果要尋找楚地筮法的最初源頭，揲筮法乙是頗為值得注意的對象。劉光勝：〈從清華簡《筮法》看早期易學轉進〉，頁 87～89。

〔註75〕劉成群：〈清華簡《筮法》與先秦易學陰陽思想的融入〉，《周易研究》第 137 期（2016 年 5 月），頁 14。

〔註76〕兩文皆收錄於張政烺著，李零等整理：《張政烺論易叢稿》，頁 12～13、47～48。

〔註77〕李宗焜：〈數字卦與陰陽爻〉，《中央研究院歷史語言研究所期刊》第 77 本，2006 年 6 月，頁 284～300。

《筮法》似乎為卦畫源於筮數說提供了新的證據，因為《筮法》除了一、八之外，ᵔ、×、ᴧ、一都是數字的簡寫。其中ᴧ在〈天干與卦〉、〈卦位圖〉及《別卦》等與筮例列舉無關的篇章中，皆作為陰爻符號使用，因此陰陽符號的確很有可能從數字演化而來。只不過張政烺所提出的「筮數兼併」的確如李宗焜所言，並不合於材料的實際狀況。對此，學界提出了「筮數分工」的理論來取代張政烺的「筮數兼併」說，指出筮數因為筮得頻率的高低進而產生的功能分化，使筮得機率最高的奇、偶數具備了陰陽爻的概念，其餘筮得機率較低的筮數則承擔解卦的職能。〔註 78〕由此可知《筮法》的出現，為陰陽符號源於筮數提供了新證據，但一為何取代七做為陽爻的問題，目前學界仍沒有較好的解釋。此外，就算《筮法》為陰陽卦畫源於筮數說提供了新的證據，仍然有學者對此說持反對的態度，如雪苗青仍認為陰陽爻並非來自數字卦，使用一作為陽爻，乃是符號簡明化的選擇成果，而ᴧ則是為了避免混淆，本身並非數字。〔註 79〕

最後關於陰陽卦畫的形成時間問題，按照「筮數分工」的理論，商周數字卦即有筮數頻率不均的現象（假設筮數沒有轉寫現象），故王化平認為從商代的筮數概率來看，六和七的概率較高，恰好一奇一偶，具有對稱關係，已有被抽象化的可能。〔註 80〕此外，有許多學者認為《筮法》顯現了戰國是數字卦向符號卦過度的重要時期，意即戰國時期陰陽卦畫尚未完全成形。如林忠軍認為以往學界以數字一、六為陰陽符號雛型的說法可取，透過《筮法》可以看到易卦由數字過渡到一、六，再到陰陽爻的過程。〔註 81〕李宛庭亦有相同的看法，並認為《筮法》中只有七完成了「卦畫化」的進程，雖然四、五、六、七、九都使用了較簡易的寫法，但唯有「七寫成一的狀況」只見於

〔註 78〕很多學者都有提到筮數可能因為出現頻率的高低而產生功能分化的觀點。可參孫航：〈清華簡《筮法》芻議〉，《周易文化研究》第 5 輯，2013 年 12 月，頁 37～39。劉光勝：〈從清華簡《筮法》看早期易學轉進〉，頁 79～81。王化平、周燕：《萬物皆有數：數字卦與先秦易筮研究》，頁 203。陳睿宏：〈清華大學藏戰國竹簡《筮法》論譯〉，頁 178～179。

〔註 79〕雪苗青：〈清華簡《筮法》諸例卦皆數字卦嗎？發現反例——與李學勤、廖名春等先生商榷〉，《懷化學院學報》第 35 卷第 1 期，2016 年 1 月，頁 69～71。

〔註 80〕王化平、周燕：《萬物皆有數：數字卦與先秦易筮研究》，頁 203。

〔註 81〕林忠軍：〈清華簡《筮法》筮占法探微〉，《周易研究》第 124 期，2014 年 3 月，頁 8～9。

卦畫紀錄中，其餘筮數則除了用於記卦外還用於簡序紀錄，顯然還不完全是陰陽卦畫，因此《筮法》體現了筮數轉向卦畫的過渡時期。〔註82〕劉成群也認為《筮法》證明了數字卦向陰陽爻轉型的重要階段當發生在陰陽學說盛行的戰國時期，並提出了「陰陽卦畫發展兩系說」──《周易》的一、八是一個轉化系統，一、八則是另一個轉化系統，兩者轉化成陰陽爻的數字並不相同，不能混為一談。〔註83〕只不過這方面亦有學者持反對的意見，如雪苗青認為不能因為一、八的字形與數字相近就擅自地認為使用在易卦中的一、八是筮數，其根據馬王堆《衷》篇：「易之義誶陰與陽，六畫而成卦，曲句焉柔，正直焉剛。」這一段話推斷一、八作為陰陽符號，在孔子好《易》以前已成傳統，〔註84〕張朋也提到把一、八認成筮數，實際上忽略了在六十四卦符號出現之後，在實際操作中用以書寫陰陽卦畫的一和八，已經具有了陰陽內涵的事實。也就是說《筮法》所處的戰國年代，六十四卦符號與《周易》文本都早已形成，《筮法》中任何包含一和八的字符串都具有雙重性質，既可能是表示最終占筮結果的符號卦，也可能是表示占筮直接紀錄的數字卦。〔註85〕因此《筮法》、《別卦》中的一、八實際上已經具備完整的陰陽爻概念，自然不存在筮數轉向卦畫的「過渡階段」。

綜而觀之，目前學界對《筮法》與商周數字卦之間的諸多議題仍有不小的歧異，其中也有不少需要釐清的問題。故本文將梳理諸家之說，以期能整理出一個較合理的發展進程。

（二）與三《易》的聯繫

倘若提到先秦的易學文獻，最容易讓人聯想到《周禮·春官·宗伯》中「太卜」所掌的三易──《連山》、《歸藏》、《周易》。〔註86〕其中《連山》由於材料稀缺，學者所論不多，因此這方面的研究實際集中於《筮法》與《歸藏》、《周易》兩部文獻的對比上。

〔註82〕李宛庭：《清華大學藏戰國竹簡（肆）·筮法研究》，頁35。

〔註83〕劉成群：〈清華簡《筮法》與先秦易學陰陽思想的融入〉，頁15～19。

〔註84〕雪苗青：〈清華簡《筮法》的高級性元符卦和示數卦──與李學勤等先生商榷〉，《中州學刊》第246期，2017年6月，頁116。

〔註85〕張朋：〈再論清華簡《筮法》與數字卦諸問題〉，《中州學刊》第238期，2016年10月，頁103。

〔註86〕【漢】鄭玄注，【唐】賈公彥疏：《周禮注疏》，臺北：藝文印書館，1985年，頁370。

1.《歸藏》

雖然《歸藏》全本與《連山》相同早已失傳，但目前仍有兩部以《歸藏》為名的易學文獻存世，一部是清代學者馬國翰所輯的《歸藏》，另一部則是 1993 年於湖北江陵荊州鎮邱北村王家台 15 號秦墓出土的《歸藏》。如前所述，《筮法》與《歸藏》有部份卦名的用字相同或相近。早在《清華四》出版四個月之前，李學勤在〈清華簡《筮法》與數字卦問題〉一文中就略提到這點。〔註87〕而《清華四》出版之後，李學勤又發表〈《歸藏》與清華簡《筮法》、《別卦》〉一文，從卦名、卦序的角度推測《筮法》和同收錄在《清華四》中的卦名紀錄—《別卦》，確實與輯本、秦簡《歸藏》密切相關，〔註88〕引起學界的注意及討論。如程浩肯定李學勤之說，並藉由「藏」的核心概念嘗試連接輯本《歸藏》、殷易《歸藏》與《筮法》，並進一步推測輯本《歸藏》、殷易《歸藏》與《筮法》很有可能都使用相同了的八卦系統。只不過就解卦的層面來看，由於輯本、殷易《歸藏》都具備了六十四卦體系，與不用六十四卦的《筮法》仍有本質上的區別。〔註89〕

梁韋弦則從用數體系及卦序觀兩個層面注意到《筮法》與歷代文獻中的殷易《歸藏》有很大的區別，如用數體系方面，傳世文獻皆言殷易《歸藏》以七、八為占，但《筮法》只說明了五、九的爻象而不見七，顯然不以七為占，可見兩者的占法並不相合。其次就卦序觀而言，倘若《筮法》、《別卦》、輯本《歸藏》的卦序都與父母六子的概念密切相關，那麼這種卦序觀實際上與傳世文獻中殷易《歸藏》「首坤次乾」的卦序有所區別。《筮法》、《別卦》這種男女卦交叉排列的卦序觀，很有可能是戰國陰陽五行學說大興之後的產物，並非直承殷易《歸藏》而來。〔註90〕

〔註87〕李學勤：〈清華簡《筮法》與數字卦問題〉，頁 67。

〔註88〕李學勤：〈《歸藏》與清華簡《筮法》、《別卦》〉，頁 5～7。

〔註89〕程浩：〈清華簡《筮法》與周代占筮系統〉，《周易研究》第 122 期（2013 年 11 月），頁 11～14。

〔註90〕梁韋弦提到：「若果如整理者推測，《別卦》的卦序與馬王堆帛書的卦序相同，如果這種卦序可能是與《筮法》的卦序一致的，則這種卦序與古文獻所述殷易《歸藏》的卦序並不相同。……《禮記‧禮運》上說孔子曾得『坤乾』，漢唐注家皆以為即殷易。其名『坤乾』當即以起首兩卦之名而得之。馬王堆帛書《周易》這種始於乾否的卦序不僅在孔子所見殷易『坤乾』之後，也在傳本《周易》卦序之後。因為由這種卦序體現出的將陰陽交錯思想貫穿於六十四卦結構的嚴整規律性來看，正應是陰陽學說盛行以後的產物。也就是說，

　　劉光勝也同意李學勤《筮法》、《別卦》的卦名用字與《歸藏》相類的觀點，並藉由《筮法》以「毎卜」來稱呼上卦這點來推測《筮法》與殷易《歸藏》確實有關。不過劉光勝也認為並不能將兩者劃上等號，首先在卦序的層面上，由於《筮法》本身不用六十四卦系統，且《別卦》的六十四卦卦序又明顯與輯本《歸藏》有所區別，因此《歸藏》、《筮法》與《別卦》在卦序上的相似之處僅止於八卦系統。再者，《筮法》的用數體系及解卦形式都與《歸藏》有別。因此較為合理的解釋是《筮法》與《別卦》是具有《歸藏》特色，但在筮占體系上又是獨立於《歸藏》之外的易學系統。〔註91〕

　　綜上所述，可知目前學界大致同意《筮法》與輯本《歸藏》在若干卦名及八卦體系的層面上有較近的關係，而在解卦體系及六十四卦的層面上有較大的區別。〔註92〕另外，這方面的研究有一個需要特別注意的問題，即輯本、秦簡《歸藏》是否等同於殷易《歸藏》？如程浩雖然嘗試連結輯本《歸藏》與殷易《歸藏》之間的關係，但其在另一篇考證《歸藏》源流的文章中也提到所謂傳世的《歸藏》，有可能是汲冢所出的一種類似清華簡《筮法》、《別卦》、王家台《歸藏》或北大簡《荊決》的易類文獻，是戰國時十分流行的筮占體系，不一定和《周禮》記載的殷易《歸藏》有關。〔註93〕

2.《周易》

　　在《周易》方面，由於《筮法》不用卦爻辭解卦，故與《周易》本經對應不多。但〈卦位圖〉、〈人身圖〉、男女卦，都可以在《說卦傳》中找到相應的

　　　　由《筮法》、《別卦》可能與帛書《周易》卦序相同，與《歸藏》和傳本《周易》卦序不同的情形來看，這種筮書並不是以《歸藏》或傳本《周易》為藍本的，而應是形成於陰陽五行學說盛行之後的筮書。」梁韋弦：〈有關清華簡《筮法》的幾個問題〉，頁23。

〔註91〕劉光勝提到世傳的《歸藏》卦序有二說，一為朱原升《三易備遺・中天〈歸藏〉易》「始於坤、乾，終於比、剝。」二為李過《西溪易說・原序》「《歸藏》易……與《周》同者三之二，曰屯、蒙、訟、師、比、畜、履，次序大略亦同。」關於前者，《別卦》的卦序可以將坤排於首卦，但第二卦絕不可能是乾卦，而剝卦在《別卦》中是艮卦為上卦的第二卦，故也不可能終於剝。而後者則更不可能，因為《別卦》的卦序與傳本《周易》明顯不同。劉光勝：〈從清華簡《筮法》看早期易學轉進〉，頁77～79。

〔註92〕事實上，開始有學者注意到《筮法》其實背後也有六十四卦的概念，並不是全然沒有六十四卦。請參王化平：〈讀清華簡《筮法》隨箚〉，頁72。李尚信：〈清華簡《筮法》筮例並非筮占實例〉，頁57。

〔註93〕程浩：〈輯本《歸藏》源流蠡測〉，《周易研究》第130期，2015年3月，頁45。

內容。甚至〈祟〉、〈爻象〉的列舉形式，都與《說卦傳》相似。換言之，《筮法》在《周易》經傳中與《說卦傳》的關係最為緊密，因此目前這方面的研究大多圍繞著《說卦傳》進行，有兩個主要方向，一是探討《筮法》與《說卦傳》的先後問題，二是對《說卦傳》卦象來源與性質的再認識。

關於第一點，學者們大多從〈卦位圖〉的比對入手，因為男女卦的卦象對應兩者相同；〈人身圖〉雖然在離卦的人體對應上有所區別，但這不牽涉時空關係，很難就此看出兩者的先後。相較之下，〈卦位圖〉與《說卦傳》有坎離倒反的差異，其中除了方位與時間的對應不同外，連陰陽、五行的對應也產生差異，因此藉由戰國時代大興的陰陽五行理論，或能考察出兩者的先後，進而推測《說卦傳》的形成時間，因此要考察《說卦傳》與《筮法》的發展脈絡，「卦位圖」的對比是極其重要的。目前學界的研究中，最早對這個問題提出意見者為廖名春的〈清華簡《筮法》篇與《說卦傳》〉，其提到〈卦位圖〉坎離倒反的理論不如《說卦傳》周延，改造自《說卦傳》的痕跡十分明顯。〔註94〕不過這個說法很快就被推翻了，因為《筮法》的坎離倒反並沒有理論上的缺失，如梁韋弦在〈有關清華簡《筮法》的幾個問題〉中提到《筮法》的羅（☲）本就不取火象、勞（☵）本就不取水象，因此沒有將☵置於北、☲置於南就違反☲為火、☵為水卦象的說法，廖名春之說仍將《周易》☵為水、☲為火視為大前提，才會產生《筮法》理論不如《說卦傳》周延的狀況。事實上，《筮法》將陽卦的☲對應南方、夏天，陰卦的☵對應北方、冬天，更符合各自的陰陽分類。既然《筮法》羅（☲）本就不取火象、勞（☵）本就不取水象，那麼就不能說《筮法》改自《說卦傳》。至於兩者的先後，梁韋弦指出「帝出乎震」並無五行而〈卦位圖〉有之，〔註95〕因此從五行配屬的角度來看，《說卦傳》的後天八卦圖應早於《筮法》。

程少軒也同樣不認為〈卦位圖〉坎離倒反的現象改自《說卦傳》，不過程少軒提到「勞（☵）南羅（☲）北」不一定晚於《說卦傳》的「離（☲）南坎（☵）北」。其提到邢文在很早之前就注意到帛書《衷》中的「火水相

〔註94〕廖名春認為勞卦為水，羅卦為火，而將勞卦置於南配夏，羅卦置於北配冬，周顧了勞為水、羅為火的事實，故《筮法》的卦位理論不如《說卦傳》周延。廖名春：〈清華簡《筮法》篇與《說卦傳》〉，頁72。

〔註95〕梁韋弦：〈有關清華簡《筮法》的幾個問題〉，頁18～21。

射」並不是誤寫，而是有特別的意義。事實上「☲火☵水」的對應與《尚書・洪範》：「水曰潤下，火曰炎上」的描述相合，《尚書正義》解之曰「水既純陰，故潤下趣陰；火既純陽，故炎上趣陽。」而《筮法》的坎離倒反之象證明了邢文之說不誤，因此程少軒推測〈卦位圖〉坎離倒反的現象很有可能是早期易學的遺存，只是後來與《說卦傳》成為主流的八卦學說相悖而被捨棄了。〔註96〕只不過這並不能代表後天卦位圖比〈卦位圖〉晚出，如果按照梁韋弦的研究，後天卦位圖整體來說應早於〈卦位圖〉，因此目前學界的主流看法大致認為《說卦傳》的後天八卦圖早於〈卦位圖〉，但〈卦位圖〉的某些核心概念很有可能又早於後天八卦圖。

　　至於《說卦傳》卦象來源與性質的再認識這個問題，自從《筮法》出現之後，學界就藉由坎離倒反、羅（離）卦在腹等與《說卦傳》有明顯差異的卦象，推測早期的卦象對應並不固定。如王化平透過對〈卦位圖〉及〈人身圖〉中「離」卦卦象的考察，發現《說卦傳》各章的卦象間有一些自相矛盾的狀況，而產生矛盾的原因，很有可能是這些卦象來自於不同的筮占系統。王化平認為不論從《周易》還是《筮法》來看，卦象的產生在一定程度上與卜筮活動的實際需求有關，根據不同事類、對象，甚至是筮占系統及時空的差異進而發衍出各種卦象，直到卦象越來越多，人們才逐漸從卦象的特徵、卦名整理出常用的基礎卦象，形成《說卦傳》一類的文獻，也就是說許多卦象的產生本就沒有考慮理論的完整性，而《說卦傳》卦象之間的矛盾則在一定程度上反映了這點。〔註97〕事實上，金景芳很早就指出《說卦傳》為《連山》、《歸藏》的遺說，注意到《說卦傳》諸象很有可能不全然源自《周易》。而程浩則更進一步對金景芳之說提出修正，在《連山》、《歸藏》與《周易》皆和《說卦

〔註96〕程少軒：〈清華簡《筮法》「坎離易位」試解〉，頁 175～181。

〔註97〕王化平認為《說卦傳》以離為火置於南、坎為水置於北的做法圓顧了陰陽屬性的對應關係。而《筮法》中又有一章與《說卦傳》第九章可大致對應的人身圖，只是〈人身圖〉將離卦置於腹而非目的位置，有諸多學者認為這吻合《說卦傳》第十一章說離「其於人也為大腹」的卦象。王化平引孔穎達《正義》「取其懷陰氣也」的說法，說明《筮法》以「離為腹」和以「離為水」的卦象皆屬陰，其理論有一致性。而《說卦傳》「其於人也為大腹」與「離為火、為南方之卦」的卦象配屬看起來就不那麼一致了，而藉由《筮法》與《說卦傳》內容的比對，可知之所以《說卦傳》有這種矛盾，其中一個原因可能是其卦象來自於不同筮占系統。王化平、周燕：《萬物皆有數：數字卦與先秦易筮研究》，頁 173、231～232。

傳》有關的情況下，反推《說卦傳》很可能是當時對八經卦進行命解的普遍原則，並非專屬於《周易》，也非化用於《連山》、《歸藏》。〔註98〕

　　除了《說卦傳》的對比之外，雖然《筮法》不用卦爻辭，乍看之下與《周易》本經的關連不大，但這反而在一定程度上反映了兩者若干發展脈絡。如劉震認為《筮法》不使用《周易》的卦爻辭這點，說明了兩者有本質上的差異。而產生這個差異的原因，在於傳承體系的不同造成對《周易》的運用態度及方法上有別，其認為《筮法》為巫者所傳，著重《周易》的筮占功能；而今本《周易》為士大夫所傳，除了筮占的功能外，還漸漸融入了對倫理思想的闡述。〔註99〕賈連翔則推測《筮法》有可能是孔門易學在楚地的分支。〔註100〕林忠軍則透過對《筮法》及「大衍筮法」的解析，認為《筮法》保持著早期數字卦的特徵，是本於數字占而不同於《周易》的筮占法，其時代應不晚於《周易》，從其重視「四」、「五」、「八」、「九」的占法來看，此類數字卦很有可能傳承自上古的單數占，也就是說《筮法》與《周易》雖然在卦名、卦象有若干相同之處，但其占法保留了上古數字占的特色，與之一脈相承。〔註101〕子居則就現今大量出土的數字卦材料，假設《筮法》一類的數字卦系統才是先秦筮占的主流，《周易》僅僅是數字卦系統在魯地的分支，在先秦不具有主導地位。〔註102〕谷繼明則提到《筮法》雖然不用卦爻辭，但與《周易》仍有部份相近或相通之處，如《筮法》「同次」的原理與《周易》的「應」相近，顯現不同的易學體系之間可能共享一些思維模式。〔註103〕

　　由上述可知，學界試圖從不同的角度論證《筮法》與《說卦傳》乃至於《周易》本經之間的聯繫，只不過這個議題所涉及的層面相當地廣，仍需要進一步地整合。好在前輩學者們的研究已有相當良好的基礎，故本文不揣淺陋，擬從學者的研究基礎上，整合並重新梳理《周易》與《筮法》的關係，藉以釐清其間的發展脈絡。

〔註98〕程浩：〈清華簡《筮法》與周代占筮系統〉，頁13。
〔註99〕劉震：〈清華簡《筮法》與《左傳》、《國語》筮例比較研究〉，頁48～50。
〔註100〕賈連翔：〈清華簡《筮法》與楚地數字卦演算方法的推求〉，頁59。
〔註101〕林忠軍：〈清華簡《筮法》筮占法探微〉，頁6～10。
〔註102〕子居：〈清華簡《筮法》解析（上）〉，頁17～28。
〔註103〕谷繼明：〈清華簡《筮法》偶識〉，《周易研究》第130期，2015年3月，頁25～26。

（三）與漢代易學的聯繫

《筮法》中有不少以往被認為是漢代才出現的易學理論，其中最受學界矚目的是京孟的卦氣、納甲學說。如〈至〉節的第一則筮例明確稱震、勞（坎）、兌、羅（離）為京孟卦氣學說用來標誌二分二至的「四正卦」，因此王化平、韓慧英等學者皆認為四正卦的概念顯然並非創於京孟之手，並推斷《筮法》之所以用四正卦來判斷是否「至」，代表易卦與節氣早已有所對應。〔註104〕再者，從《筮法》的〈卦位圖〉、〈四季吉凶〉、〈地支與爻〉或是〈得〉節「春見八」、「夏見五」、「秋見九」、「冬見四」四則筮例等內容，〔註105〕都可以見到卦、爻與四時、四方的對應，學者們認為其背後可能都隱含了類於《禮記・月令》與《呂氏春秋》「十二月紀」那種以陰陽五行為基礎所建構的四時相推、陰陽消長的思想，譬如王新春提到〈地支與爻〉的對應與隋代蕭吉《五行大義》中所引的揚雄《太玄》中干支配數的規律相同。而干支數的核心思維，其實就是借十二辰表現一年之中陰陽消長的情狀，與卦氣說的十二消息卦相同，顯現從子月到巳月陽長陰消，午月到亥月陽消陰長的循環規律，因此〈地支與爻〉的出現說明了陰陽對立消長、流轉的內涵在戰國時期已然出現。〔註106〕

除了卦氣說之外，〈天干與卦〉、〈地支與卦〉兩節所述的干支配卦，也與京氏納甲的規律十分相近。初步來看，除了地支納甲不見乾、坤兩卦外，其餘六卦所納的干支皆與京氏納甲相同。只是有些學者注意到一個問題，即《筮法》的地支配卦是否如京氏納甲一樣精細至爻，從《筮法》前半部筮例來看，《筮法》的納甲運用似乎僅止於簡單的卦與日辰對應，並沒有精細至爻，其間似乎也未見到京氏納甲複雜的五行生剋運用。再者，《筮法》的筮占體系不見六十四別卦，〈天干與卦〉、〈地支與卦〉表面上也只對應經卦而非別卦。因此《筮法》與京房納甲易學的干支對應雖然有相合之處，但似乎難以視為相

〔註104〕王化平、周燕：《萬物皆有數：數字卦與先秦易筮研究》，頁233～234。韓慧英：〈試析清華簡《筮法》中的卦氣思想〉，《周易研究》第131期，2015年5月，頁37～38。

〔註105〕〈得〉節四則筮例：「七七七六六六，七七六八七七。春見八，乃亦得。」、「六六七七七六，六六七七七六五。夏見五，乃亦得。」、「六七六七六七，六七七九七六。秋見九，乃亦得。」、「七六六六六七七，七六七七七四。冬見四，乃亦得。」李學勤主編：《清華大學藏戰國竹簡（肆）》，頁84。

〔註106〕王新春：〈清華簡《筮法》的學術史意義〉，頁12～15。

同的理論。〔註107〕

　　除了京孟易學之外，學界還特別注意到《筮法》與「互卦」的關係，由於〈男女〉節中有一則「上去二，下去一」的筮例，〔註108〕其解卦法與互體卦取下卦的規則相同。因此劉大鈞、王化平等學者皆推測「上去二、下去一」的取象手法或許代表《筮法》已運用了互體理論。〔註109〕不過，也有學者持反對的意見，如劉震提到「上去二、下去一」的取象方式「顯然不屬於正常的分為上下兩卦的取象方式」，〔註110〕因為「上去二、下去一」是同時將左右兩卦的初、五、上爻去除，只留下兩個由二、三、四爻構成的三爻卦，而這兩個三爻卦也未重疊成一個六爻卦，與互體從同一個六爻卦中擷取二、三、四爻為下卦；三、四、五爻為上卦的概念不同，因此僅能說「上去二、下去一」的取象手法與互體類似而不能說兩者相同。李尚信亦提到「上去二、下去一」的取象手法雖然具有互卦的雛型，但這「只是針對特殊的事例而言，不能因此推斷在更廣泛的意義上使用了互卦的觀念。」〔註111〕謝炳軍更認為互體的核心價值在與闡述互體卦與本之卦中八卦卦象之間的關係，既然《筮法》本身無本之卦的存在，也不見「上去二、下去一」之後的三爻卦與其他四位卦的聯繫，那麼就很難說《筮法》運用了互卦理論。〔註112〕就此來看，學界大多認可《筮法》中有互卦的雛形或運用了類似的取卦手法，但與真正的互體理論相去甚遠，不可一概而論。

　　綜而觀之，目前學者已多方考察出《筮法》與漢代易學有關的內容，可知《筮法》中已可略見卦氣及納甲諸說的端倪，學界雖然認為兩者並不完全相同，不過仍證明了部份理論在戰國中晚期就已經存在，京孟只是將原有的

〔註107〕王新春：〈清華簡《筮法》的學術史意義〉，頁15。張文智：〈從清華簡《筮法》等出土文獻中的相關內容看京房「六十律」及「納甲」說之淵源〉，收錄於江林昌主編：《清華簡與儒家經典》，上海：上海古籍出版社，2017年10月，頁125～127。

〔註108〕〈男女〉節：「六六六七六六，七七六七六七。凡男，上去二，下去一，中男乃男，女乃女。」若從此則筮例來看，右卦去掉上卦的六六與下卦的六，左卦去掉上卦的七七與下卦的七，皆剩下六七六，經轉換後為陽卦坎，故此案例的結果會生男。李學勤主編：《清華大學藏戰國竹簡（肆）》，頁96。

〔註109〕劉大鈞：〈讀清華簡《筮法》〉，《周易研究》第130期，2015年3月，頁8。王化平、周燕：《萬物皆有數：數字卦與先秦易筮研究》，頁165～166。

〔註110〕劉震：〈清華簡《筮法》與《左傳》、《國語》筮例比較研究〉，頁48。

〔註111〕李尚信：〈清華簡《筮法》筮例並非筮占實例〉，頁57。

〔註112〕謝炳軍：〈清華簡《筮法》理論性與體系性新探〉，頁54。

理論進一步細化、擴充而來，使惠棟「京氏之說本自焦氏，焦氏又得之周秦以來先師所傳，不始於漢」的說法得到明證。〔註113〕

第三節　研究步驟

一、研究主題及目標的訂立

　　本文以《清華大學藏戰國竹簡（肆）》中的《筮法》篇為研究主軸，故將題名擬定為「《清華大學藏戰國竹簡（肆）‧筮法》整理與研究」。為達本章第一節所述的研究目的，將分出「文字的再釋讀」、「解卦系統的整理」以及「考察其對先秦易學發展脈絡的影響」三大主題，依序探討相關問題。循序漸進由文字進入《筮法》的系統理論，再由《筮法》的系統理論觀其系統發展，期望對這方面的研究能有所貢獻。

二、研究資料的蒐集

　　為了達到本研究的目的。首先必須蒐羅與《筮法》相關的傳世及出土文獻，大致可分為以下數類材料：

　　（一）先秦的數字卦材料：包含散見於甲骨、青銅、陶、石器的數字卦紀錄以及已出版的《包山楚簡》、《新蔡葛陵楚墓》中的筮占紀錄，天星觀楚簡由於尚未公布，因此其筮例的筮數組成主要參考王化平、周燕《萬物皆有數：數字卦與先秦易筮研究》及賈連翔《出土數字卦文獻輯釋》中的整理。另外，商周數字卦的部份王化平及賈連翔也有較全面的整理，故商周數字卦的筮例也是用兩位學者整理好的資料。〔註114〕

　　（二）三《易》文獻：歸藏方面有輯本《歸藏》與出土的王家台《歸藏》，只不過秦簡《歸藏》尚未完全公布，因此卦畫與簡文乃是參照王明欽〈王家台秦簡綜述〉及王輝〈王家台秦簡《歸藏》校釋28則〉兩文。〔註115〕周易

〔註113〕【清】惠棟撰、鄭萬耕點校：《周易述》，北京：中華書局，2007年9月，頁577。

〔註114〕王化平、周燕：《萬物皆有數：數字卦與先秦易筮研究》，頁63～72。賈連翔：《出土數字卦文獻輯釋》，上海：中西書局，2020年8月，頁61～190。

〔註115〕〈王家台秦簡綜述〉收錄於《新出簡帛研究》一書中，請參艾蘭、邢文編：《新出簡帛研究》，北京：文物出版社，2004年12月，頁26～49。王輝：〈王家台秦簡《歸藏》校釋28則〉，《江漢考古》第86期，2003年3月，頁75～84。

方面，除了今本《周易》外，出土文獻方面尚有上博簡《周易》、馬王堆帛書《周易》及易傳和阜陽簡《周易》。

（三）提到古代筮占的文獻資料：這方面的資料，以《周禮》、《史記》中對上古卜筮的描述及《左傳》、《國語》中的筮例為主。

（四）漢代的易類、緯書文獻：如文獻回顧所述，《筮法》有部分內容與漢代京房的納甲易學有關，其中〈乾坤運轉〉更使人聯想到《周易參同契》中的月體納甲，故在考察這方面的內容時，會參酌《京氏易傳》、《周易參同契》等漢代易類文獻。

（五）與先秦兩漢陰陽五行、歲時有關的文獻資料：《筮法》中出現了季節、五行配卦的內容，因此《尚書‧洪範》、《禮記‧月令》、《呂氏春秋》、《管子》、《尚書大傳》、《淮南子》、《漢書》、《五行大義》等與先秦陰陽五行、歲時有關的文獻亦是重要的參考資料。

（六）其他術數相關文獻：以出土日書文獻為主，如睡虎地、放馬灘、孔家坡《日書》等。

以上是解讀《筮法》時較常用到的文獻材料，雖然本研究未及處理《筮法》與兩漢易學的相關問題，但由於《筮法》的內容仍與不少漢代易學文獻有關，故在考察這些內容時仍會使用相關文獻進行勘對。

而除了出土、傳世的文獻材料外，本研究亦相當重視前輩學者的研究成果，透過對相關研究的解析，可作為本研究開展的基礎。

三、將《筮法》與各類文獻材料互相參證

在蒐集、分析完基本材料後，即開始對著手處理本研究的兩個核心論題。在研究方法上，本文依然秉持王國維「二重證據法」的精神，結合出土文獻及傳世文獻對《筮法》進行對讀研究。首先，本文將在第二章「《筮法》文字校理」中對《筮法》尚有爭議或較具特色的文字內容進行校理。接著，在第三章「《筮法》解卦系統探論」借助相關文獻分析並整理《筮法》的解卦原理。最後，在第四章「《筮法》與先秦易學的聯繫與發展」中比對《筮法》與先秦易學文獻的異同，補充先秦相關易學理論的發展脈絡。只不過《筮法》並不足以解釋先秦易學的所有問題，倘若有不能印證或難以解釋之處，本文亦不強為之解，僅列出目前可參對的有關文獻予學者參考，留待日後有更多材料出土時再興討論。

第二章 《筮法》文字校理

　　在探討《筮法》與先秦易學的關係前，必須先對其內容有所認識。尤其是文字的釋讀，可謂出土文獻研究最初且最重要的一步，雖然《筮法》的研究工作累積至今，學者們已提出不少釋讀意見，但其中仍有若干爭議或是可加以補充之處，因此本章將在前人的研究基礎上，先校理《筮法》的簡文，針對其中爭議較大及較具特色的文字進行解讀，以釐清《筮法》的簡文內容。

　　而在校讀簡文之前，還有六點需要先行說明：

　　其一、本釋文以《清華大學藏戰國楚簡（肆）》為底本進行校理，並根據學界的研究成果加以補正。

　　其二、本釋讀採嚴式隸定，並在文字後方括弧標明今字，凡有通假、異體字，亦皆於該字後括號標示。欲解讀說明的字詞，在文字後方標明數字，並在每節釋文表格下依序論述之。

　　其三、本釋文校理的分節從原考釋分為三十節，雖然有些節次的文字較無疑義毋須特別論述，但筆者仍按照整理小組的章節安排列出簡文，使閱讀較為通暢。各節的位置可參下圖：

【圖 2-1】《筮法》圖版〔註1〕

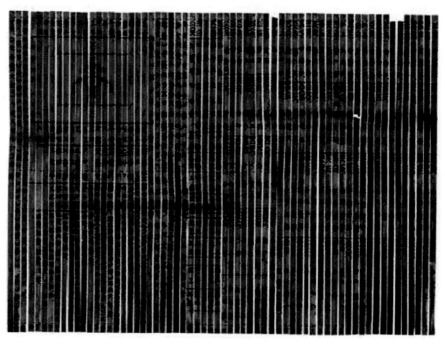

【圖 2-2】《筮法》區域劃分圖〔註2〕

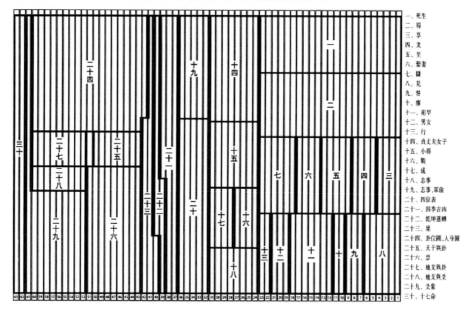

一、死生
二、得
三、享
四、至
五、走
六、娶妻
七、讎
八、見
九、瘳
十、雨旱
十一、男女
十二、行
十三、貞丈夫女子
十四、小得
十五、戰
十六、成
十七、志事
十八、志事，軍旅
十九、四位表
二十、乾坤運轉
二十一、果
二十二、卦位圖，人身圖
二十三、天干與卦
二十四、祟
二十五、地支與卦
二十六、地支與爻
二十七、爻象
二十八、十七命

〔註1〕李學勤主編：《清華大學藏戰國竹簡（肆）》，頁76。
〔註2〕李學勤主編：《清華大學藏戰國竹簡（肆）》，頁77。

其四、由於《筮法》的體例特殊，除了第二十一、二十二、二十三及三十節外，其餘各節皆採分欄書寫的形式，故本釋文將以表格的形式呈現筮例與圖表內容。另外，為了行文版面整潔，各節的簡序不隨文附註，而是統一集中標註在標題及表格之中。

其五、本釋文前半部筮例的記卦符號皆以原簡為主，閱讀順序採由右上至左下，〔註3〕以〈死生〉例1為例：

編　號	卦　畫	釋　　文	簡　序
1		六麈（虛），亓（其）瘉（病）哭死。	1-2

易卦的閱讀順序分別為乾→乾→巽→離。

其六、本釋文所有上古聲韻模擬皆以郭錫良《漢字古音手冊》為主。〔註4〕

〔註3〕關於《筮法》的易卦順序問題目前有兩說，一是從左下讀至右上，二是從右上讀至左下。關於前者，子居根據整理小組「左下卦在判斷卦象時具有特殊地位」的說法，推測左下卦很有可能是四位卦中最初筮得的卦，故《筮法》當以左下卦為始。至於後者，李宛庭從句讀、〈四位表〉及〈得〉「作於陽，入於陰」的語句順序，判斷四位卦的閱讀順序應與簡冊的書寫方向相同，從右上讀至左下。只不過從〈四位卦〉來判斷《筮法》的易卦閱讀順序似乎不太妥當，若細查〈四位表〉所陳列的四組卦象，表面上僅第一則「上軍之位（右上）、中軍之位（右下）、下軍之位（左上），次軍之位（左下）」的「上、中、下、次」的順序符合右上至左下之序。但古代三軍之中，中軍才是軍隊的主心骨，有特殊的地位。如《周禮·夏官·大司馬》云「中軍以鼙令鼓，鼓人皆三鼓，司馬振鐸，羣吏作旗，車徒皆作；鼓行，鳴鐲，車徒皆行，及表乃止；三鼓，摝鐸，羣吏弊旗，車徒皆坐。」鄭玄注曰「中軍，中軍之將也，天子六軍，三三而居一偏，吏既聽誓，各復其部曲，中軍之將令鼓，鼓以作其士眾之氣也，鼓人者，中軍之將，師帥、旅帥也。」可見三軍之中以中軍為首，上下軍為次。另外，綜合其它組的卦象來看，中軍所處的右下卦在其它組分別是身、躬身、室，其中身、躬身應是指起卦者，因此單從〈四位表〉來看，右下卦顯然有主幹的意味，因此不應單純就「上、中、下、次」之序，來推斷《筮法》易卦的閱讀順序是從右上至左下。雖然如此，但若從句讀符號及「作於陽，入於陰」中所隱含的閱讀順序來看，李宛庭之說當可從。子居：〈清華簡《筮法》解析（修訂稿上）〉，頁28。李宛庭：《清華大學藏戰國竹簡（肆）·筮法研究》，頁160～162。《周禮》原文請參【漢】鄭玄注，【唐】賈公彥疏：《周禮注疏》，頁446。

〔註4〕郭錫良：《漢字古音手冊》，北京：商務印書館，2010年8月。

一、死生 1【簡 1-23】

編　號	卦　畫	釋　　文	簡　序
1		六塵（虛）2，亓（其）瘜（病）3 哭死。	1-2
2		五塵（虛）同弍（一）4塵（虛），死。	3-4
3		參（三）吉同凶，寺（待）5 死。	5-6
4		參（三）凶同吉，寺（待）死。	7-8
5		參（三）吉同凶，亞（惡）肴（爻）尻（處）之，今虘（焉）6 死。	9-11
6		參（三）凶同吉，亞（惡）肴（爻）尻（處）之，今虘（焉）死。	12-14
7		箸（筮）死妻者，相見才（在）上，乃曰死。	15-17
8		箸（筮）疾者，弍（一）刲（卦）亢 7 之，乃曰牆（將）8 死。	18-20

9		箬（筮）死夫者，相見才（在）上，乃曰死。	21-23

1. 死 生

此節第一則筮例不使用《筮法》常見的「凡＋命辭」格式，整理小組依照此節內容及〈十七命〉有「死生」這個命辭而定此節標題為「死生」。綜合此處簡文與楚地卜筮祭禱簡，「死生」當指占問病重是否得以存活。占問死生的實際案例可以在包山簡中見之，包山簡自簡【236】至【249反】有一系列為楚左尹𨻑貞疾的占卜實例，一共有 6 則。前 5 則的命辭描述皆為「既腹心疾，以上氣，不甘飲，舊不瘥，尚遄瘥，毋有柰。」皆是貞其腹疾是否得瘥。〔註5〕而最後一則占例則是「以其又腫疠，上氣，尚毋死」，出現了是否會死的貞問。從時間來看，六則占例皆占於「大司馬卓滑將楚邦之師徒以救巴之歲」，前五則占於「刑夷之月乙卯之日」，也就是該年的寅月乙卯日，而最後一例占於「夏夷之月己亥之日」，也就是同年的卯月己亥日，兩者相差了 20 天。從命辭和時間上來看，顯然左尹𨻑的病情有急速惡化的趨勢，故前五例皆問「腹心疾」是否可瘥，而最後一例則希望「毋死」，是目前可見占問死生的實際案例。而從《筮法》的簡文來看，例 1 便說「其病哭死」，例 8 則言「筮疾者」，整理小組認為「筮疾者」一例夾在「筮死妻者」與「筮死夫者」兩例之間，推測例 7、9 很有可能指筮妻或筮夫之疾。〔註6〕例 2 至例 6 雖未言明是占何種死，但這些筮例皆接在例 1 之後，又未特別說明是因何事占死生，故推測例 2 至例 6 很有可能也是占病患的生死。〔註7〕綜合來看，「死生」當指貞問病重之人是否會死，雖同為占病，但與第十節的「瘥」有輕重上的區別。

〔註5〕腹心，同簡【218】～【219】、【220】兩則占例皆作「下心」，整理者疑此為「胃部」，也就是說左尹𨻑患有胃病。此段論述有關包山簡的占例請見湖北省荊沙鐵路考古隊：《包山楚簡》，湖北：文物出版社，1991 年 10 月，頁 34、36～37。

〔註6〕李學勤主編：《清華大學藏戰國竹簡（肆）》，頁 80。

〔註7〕根據本文第一章關於《筮法》形制的回顧，李守奎曾提到《筮法》為了行款的工整而會增衍文字，例 8 特別寫出「筮疾」的原因，除了如整理者所說是為了標出例 7、例 9 也是筮占疾病外，同時應也有行款整齊的考量，使例 7、8、9 的筮辭皆是 11 個字。李守奎：〈清華簡《筮法》文字與文本特點略說〉，頁 58～59。

2. 麐（虛）

此字原簡皆作🔲，整理小組將之隸定為麐，讀為虛。只不過從字形來看，🔲與楚簡中常見的「虛」字有別。楚簡中的虛字多從虍形，但此字卻是從声形。整理小組將之釋讀為「虛」，乃是根據上博九《靈王遂申》中的「虎」字有從「虍」及從「声」兩種字形，故疑🔲為從「声」的「虛」字。〔註8〕對此，蘇建洲在探討《靈王遂申》中的「虎」字時，曾提到古文字中的「虍」、「声」有因為字形相近而形混的現象，如「叔」字作🔲【《包山》85.190】、🔲【《陶錄》附15頁】、🔲【《陶彙》3.1049】、🔲【《陶彙》3.913】等形；膚旁作🔲【《中國歷代貨幣大系》第一卷956.3790】；盍🔲【《璽彙》2743】的🔲字，田煒釋讀成「虎」等例證都可以證明。〔註9〕據此，整理小組將🔲釋讀為虛字可從。

此外，值得注意的是楚簡中「麐」或從「声」之字的上方大多作🔲形，如🔲【《郭店‧成之聞之》5】、🔲【《上博二‧容成氏》48】、🔲【《包山》179】）等，但《筮法》的🔲及簡61的🔲卻皆是🔲形。李宛庭認為這種寫法與甲骨、金文中麐的寫法較為相似，可能是保留了「声」的早期寫法。〔註10〕而李守奎在探討《筮法》的字形時，曾經提到《筮法》的文字有「存古異域」的現象，「存古」指有些文字的寫法類於甲骨、金文，「異域」則指有些文字的書寫風格與三晉系的文字相類。〔註11〕湯志彪《三晉文字編》所收錄的「麐」及從「声」之字，上方的鹿頭寫法也與《筮法》相同為🔲，其中亦不乏戰國晚期的文字，如🔲【《侯馬》194：6趙，春晚】、🔲【《集成》11328韓，戰晚】、🔲【《銘文選二》881中山，戰晚】等。綜合來看，由於《筮法》尚有不少文字帶有三晉風格，或可推測《筮法》🔲、🔲兩字的寫法當是受到三晉文字風格的影響所致，而這種寫法可能為甲骨、金文的遺存，正如黃德寬所言：「戰國文字中的象形字有298例，大多數承襲商代、西周和春秋文字。……指事字有

〔註8〕李學勤主編：《清華大學藏戰國竹簡（肆）》，頁78。
〔註9〕蘇建洲：〈上博九《靈王遂申》釋讀與研究〉，出土文獻第五輯，2014年10月，頁98。
〔註10〕李宛庭：《清華大學藏戰國竹簡（肆）‧筮法研究》，頁156～157。
〔註11〕李守奎：〈清華簡《筮法》文字與文本特點略說〉，頁59～60。

48 例，都是承繼前代文字。」〔註12〕

　　至於「虗」的意義，就簡文來看應是一種與爻有關的解卦術語，請見本文第三章第三節的相關討論。

3. 瘇

　　此字原簡作⬛，即病字，但此字的寫法較為特殊。楚簡中的病字大多從疒省形，方聲，如⬛【《包山》207】。此外，有些病字會從「丙」聲，如⬛【《上博二‧從政甲》8】、⬛【《清華三‧說命中》7】。方、丙上古皆是幫母陽部字，聲韻相同可通，可知⬛應是從疒、丙省聲並加了心字的病字。而此字的特別之處，在於該字的丙形與楚簡中常見的丙字寫法有別，如同簡〈天干與卦〉的丙字即作⬛，而⬛卻將「大」訛為「火」作⬛，劉雲認為這種寫法與齊系文字中的丙字相同，如⬛【《集成》4152】、⬛【《陶錄》3.535.3】等，顯現《筮法》除了三晉系文字外，甚至有部份文字還帶有齊系文字的風格。〔註13〕只不過除了此字外，《筮法》其它文字並未出現具有齊系文字特點者。

4. 弎

　　在《筮法》的占辭中，「一」、「二」、「三」這三個數字，幾乎都寫成「弌」、「弍」、「參」。根據《清華四》所附的字形表，數字一有兩處寫成「一」，有六處寫成「弌」。數字二僅有一處寫成「二」，其餘三處皆寫成「弍」。數字三的比例更加懸殊，僅一處寫成「三」，其餘十四處皆寫成「參」。〔註14〕

〔註12〕黃德寬：《古漢字發展論》，北京：中華書局，2014年4月，頁418。

〔註13〕劉雲：〈釋清華簡《筮法》中的「正」字〉，復旦大學出土文獻與古文字研究中心網站，網址：http://www.fdgwz.org.cn/Web/Show/2220（2014年1月21日）。

〔註14〕數字一使用「一」者，僅〈祟〉「一四一五」；數字二使用「二」者，僅〈祟〉「二五夾四」；數字三寫成「三」者，僅〈得〉「其失十三」。其中數字一、二的「一四一五」與「二五夾四」皆在簡48的「羅祟」之中，雖然寫成「一四一五」、「二五夾四」也可能被解成四個爻位的「⬛」、「⬛」，但〈祟〉節以經卦為主體，再加上簡47「勞祟」中的「一四一五」寫成「弌四弍五」，可知這裡的「一」、「二」都是指實際數字的一、二而非陽爻，「一四一五」即為「⬛」；「二五夾四」即為「⬛」，因此〈祟〉節的數字不寫成「弌」、「弍」也不會被誤認為是陽爻。而〈得〉節的「三」也可以藉由前後文判斷出不是

　　《筮法》將「一」、「二」、「三」寫成「弌」、「弍」、「參」的原因，很有可能是為了區分其功能所致，避免數字與卦畫互相混淆。就字形來看，《筮法》中的陽爻「七」亦寫成「━」，與數字一的字形相同；疊加三個七而成的乾卦則寫成「☰」，與數字三的字形相同；「⚋」可以看成是兩個數字七的陽爻，也可以看成是數字二。因此，若占辭中代表實際數字的一、二、三寫成「━」、「⚋」、「☰」，容易造成誤讀。以《筮法》占辭中常見的「參 A 同 B」為例，如〈得〉節「參女同男」的筮例：

	參（三）女同男，乃寻（得）。

根據《說卦傳》第十章「乾坤六子」的規律，可知此筮例的三女，乃是指右上的坤卦、右下的離卦及左上的兌卦；男則是指左下的乾卦。但如果將「參」寫成☰，就有可能將其誤解成左下的乾卦。由於《筮法》的解卦手段多元，除了四位卦之外，尚有〈男女〉節中「上去二、下去一」這類近於取互卦的解卦原則，也就是說除了四位卦之外，《筮法》還有以中卦三爻組成的三爻卦來解卦的手段。因此，如果將「☰」理解成左下的乾卦，那麼「同男」之「男」或有可能以類似的手法被曲解成右邊的坎卦或是左邊的乾卦，造成卦象解讀上的錯誤。「━」與「⚋」同理，因此《筮法》多將占辭中代表實際數字的「一」、「二」、「三」寫成「弌」、「弍」、「參」，應是書手為了避免誤解而有意區分。

　　5. 寺

　　此字原簡皆作，整理小組讀為「待」，訓為「猶將」。〔註15〕對此，學者們有不同的意見：

　　（1）讀為「等」，訓為「等同」：

　　網友曰古氏認為「」應讀為「等」，指「出現此卦象等同死亡」：「此從『寺』聲之字，整理者讀為『待』，或疑其可讀為『等』，而句讀作『等，死』──以為『等似指卦象相同』。讀『等』似乎更好些，《廣雅‧釋詁四》：「等，齊

　　　　指乾卦。至於〈地支與爻〉節中「寅申━」中的「━」是指稱數字七的陽爻「━」並不是數字一，故不列入。

〔註15〕李學勤主編：《清華大學藏戰國竹簡（肆）》，頁79。

也。」然『等死』或可連讀，謂一齊死、同死、都死。意謂無論『三吉同兇』還是『三兇同吉』，只要四個卦中含有一個『兇』卦，則為『等死』。」〔註16〕

（2）如整理小組讀為「待」，訓為「猶將」：

子居認同整理小組之說，提到戰國已有「待死」的用法，如《國語·晉語三》：「子其行矣，我姑待死。」、《管子·短語·參患》：「短兵待遠死，與坐而待死者同實。」、《荀子·大略》：「無三王之法，天下不待亡，國不待死。」〔註17〕

李宛庭則認為子居所舉文例中的「待」其實應該都訓為「等待」而非「猶將」，而此處的「寺」無論是訓為「等同」或「猶將」似乎皆可通之，但根據下方例5、6兩則筮例來看，「死」的狀態有其時間層次，故讀為「待」較佳。〔註18〕

（3）讀為「時」，訓為「乃」：

黃杰根據《筮法》其它句式相似的占辭如「妻夫同人，乃得」、「三左同右，乃得」、「三男同女，乃得」等，推測這裡的「寺」相當於這些句式中的「乃」，應當讀為「時」，訓為「乃」，作為連詞使用。並舉裴學海《古書虛字集釋》卷九「時恃」：「『時』猶『乃』也，注云：《禮記·月令》篇：『孟春行夏令，則雨水不時，草木蚤落，國時有恐。』（下「時」字訓「乃」）。《逸周書·月令解》、《淮南子·時則》篇並作『國乃有恐』」。為證。〔註19〕

案：就這三種說法來看，「寺」應如整理小組讀為「待」較佳，雖然「等」、「待」、「時」於文皆可通。但就《筮法》本身的用字習慣來看，若此處的「寺」如黃杰所說相當於「乃」，那麼此處應直言「乃死」。《筮法》全文共出現了56個「乃」字，其中「乃A」的句式也不少，如〈得〉節有「乃得」、「乃亦得」，〈享〉節有「乃享」、「乃亦享」，〈支〉節有「乃述」、「乃復」等語，甚至〈死生〉節本身也有「乃曰死」、「乃曰將死」，故推測此處的「寺」當不讀為「乃」。

至於讀為「等」，訓為「等同」，指「此處卦象結果等同於死」的說法，竊以為如果只是要表達出現這個卦象會得到死的結果，那麼大可直接寫成「乃

〔註16〕日古氏：〈讀清華簡《筮法》小箚〉，復旦大學出土文獻論壇，第20樓，2014年1月，網址：http://www.fdgwz.org.cn/forum/forum.php?mod=viewthread&tid=6980&extra=&page=2

〔註17〕子居：〈清華簡《筮法》解析（修訂稿上）〉，頁19。

〔註18〕李宛庭：《清華大學藏戰國竹簡（肆）·筮法研究》，頁55。

〔註19〕黃杰：〈清華簡《筮法》補釋〉，頁17～18。

死」。《筮法》大多使用「乃亦 A」的句式來表達這種概念，倘若是為了追求格式上的整齊而只能使用兩個字，也有如〈得〉節例 7「亦得」的用法。因此「寺」字很有可能不僅僅是要表達筮占結果為死，而是應如整理小組所說讀為「待」，「待死」意義則如子居所舉的文例，有「等待死亡」的意味，即占到「三吉同兇」、「三兇同吉」的卦象雖然得到會「死」的結果，但可能要經過一段時間才會應驗，凸顯了筮占結果的時間性。

6. 旎

此字原簡皆作，整理小組認為此字從「安」聲，將之隸定為旎，讀為焉，訓為乃。〔註20〕除了整理小組的釋讀之外，學者們對此也提了不少意見，主要有兩種說法：

（1）隸定為「斾」，讀為「也」：

李守奎、劉剛皆持此論，都提到該字與中山王器上釋為「也」的【中山王鼎《商周青銅器銘文選》2.880】字形十分相近，吳振武認為其下方所從為彤沙之「沙」的初文，在中山王器中因字音與「也」相近而借用成「也」字。而劉剛更進一步地認為不應隸定為旎，原因有二：其一在於此字下方所從的與常見的安字不類，其二為目前戰國中未見「安」與「𣎸」構形的文字。〔註21〕

（2）贊同整理小組的說法，應隸定成「旎」，讀為「焉」：

金宇祥認為劉剛不應為旎的證據並不充分，其下方所從的很有可能是因為受到上方「𣎸」字的影響進而改變構形。而從《筮法》中還出現了不少以往楚簡未見的文字來看，「此前未見」也不能做為不應隸定為旎的反證。〔註22〕

楊蒙生對此則有更深入的研究，認為字乃至於中山王器中的字，都可能是晉系文字中作為語氣助詞「焉」字的一種特殊寫法，並與「也」字

〔註20〕李學勤主編：《清華大學藏戰國竹簡（肆）》，頁 79。
〔註21〕李守奎：〈清華簡《筮法》文字與文本特點略說〉，頁 60。劉剛：〈讀《清華簡四》札記〉，復旦大學出土文獻與古文字研究中心網站，網址 http://www.fdgwz. org.cn/Web/Show/2209（2014 年 1 月 8 日）。
〔註22〕金宇祥：〈《清華肆‧筮法》淺議〉，頁 4～5。

有互為異文的現象。首先從字形的層面上來看，楊蒙生懷疑中山王器中旆字

下方的█並非如吳振武所說為沙之初文，而應是「安」字。雖然其寫法與

戰國文字的安字不類，但古文字中「安」字短筆的位置本就不是固定不變，

可能隨著寫法的不同而產生變化，也就是說 █ 與█皆是從「安」。此外，從

字形的演進來看，█ 很可能是由█演變而來，三晉文字中的「𠂔」字有兩

種寫法，一種豎筆在左，如上舉中山王器中的█字；一種豎筆在右，如 █

【《侯馬》85：23】。█ 顯然採用了後者的寫法，並將下方安字的短筆打破原有

的格局而成。安字左方的豎筆連接「𠂔」的橫筆作█形，最終演化成《筮

法》的█形。因此楊蒙生認為不論是中山王器中的█或是《筮法》的█都

是從𠂔，安聲的字，皆可隸定為旆，且兩者可能有傳承的關係。

　　而在字義的層面上，楊蒙生認為「旆」即「焉」字：

　　　　在今天所見出土戰國文獻當中，作為語氣助詞的焉字常常被寫作

　　　　安，既然鐘銘「旆」字從安得聲，那它自然也可以被讀作焉。

而作為虛詞的「焉」字與「也」字在古文獻中多有互為異文的現象，如《禮
記·樂記》：「內和而外順，而民瞻其顏色而無與爭也，望其容貌而民不生易
慢焉。」或是《論語·里仁》：「見賢思齊焉，見不賢而內自省也。」等，這
兩例王引之在《經義述文》中皆云「也，猶焉也……。也，亦焉也，互文耳。」
說明「焉」作為虛詞時，可與「也」相通。因此█很有可能是一個三晉系
特有的「焉」字，在一定的條件下它可以出現在語氣助詞「也」的位置上。
〔註23〕

　　案：從學者們的論述中，可知█當如整理小組所說隸定為旆，讀為焉。

〔註23〕楊蒙生：〈清華簡《筮法》篇「焉」字補說——兼談平山中山王器銘中的一個
　　　　相關字〉，《安徽大學學報》2018 年第 3 期，2018 年 5 月，頁 87～91。

事實上，郭店楚簡中也可以找到與 的下半部構型相似者，如 【《郭店‧老子丙種》3】、【《郭店‧老子丙種》4】等，皆將短橫寫在右下角，而對比 【《上博二容成氏》41】、【《新蔡》甲二.19】等安字的構形，可知這種安字其實省略了下方的斜筆。此外， 中央的豎筆向左偏斜且未橫貫整個女字的寫法，也可以在楚簡中找到類似者，如曾侯乙墓簡「紫𣏟之 」。因此，金宇祥「 很有可能是因為受到上方「𡿥」字的影響進而改變構形」的說法當可從，下方的女字為了字形平衡的需求而改變了原本的寫法，將下方的斜筆省略，右方的短筆拉長接在女旁的右側，並與 相接。

字義方面，「焉」在此處應不讀為語氣助詞的「也」，而是具有時間性，與例3、4的「待死」有時間上的不同。從占辭來看，兩者的差別在於「今焉死」的筮例多了「惡爻處之」的卦象。此處的「惡爻」，整理小組認為是指左下卦出現的五、九，由於《筮法》中四、五、八、九與六、七不同，有自己特殊的爻象，再加上〈爻象〉節「凡爻，如大如小，作於上，外有咎；作於下，內有咎；上下皆作，邦有兵命、薦饑、風雨、日月有差。」的敘述，推測四、五、八、九在某些狀況下會使卦象轉兇。由於「今焉死」的筮例相較於「待死」的筮例多了「惡爻處之」的占辭，顯現其卦象更為險惡，故「今焉死」的時間性應較「待死」急迫。〔註24〕

7. 亢

此字原簡作 ，同簡〈爻象〉節有一 字，其右旁所從即為此字。整理小組根據陳劍〈試說戰國文字中寫法特殊的亢及從亢之字〉一文，〔註25〕

〔註24〕據此，例5、6這兩則「今焉死」的筮例，亦可作為例3、4的寺應讀為「待」的旁證，說明了筮占結果應驗的時間性。而「惡爻」的相關論述，請參本文第三章第三節的相關論述。

〔註25〕陳劍提到古文字中時常出現的「夲」或從「夲」諸字應讀為「亢」而非「奎」、「夸」，其從幾處用韻規律較強的出土文獻中出現的「夲」字，推測該字應為喉牙音陽部字。再加上若將「夲」讀為「奎」，明明從「主」聲卻未與戰國文字其他大量從主聲的字產生關係，相當不合理。因而推測「夲」下方不為「主」。而「夸」或從「夸」之字的職務，在古文字中很有可能是由「于」字分擔，因古文字中的從「夸」之字大多寫成「于」，故「夲」下方也不為「于」字。陳劍存出土文獻的文例中，推測「夲」相當於「亢」，從字形的層面來看，「夲」或從「夲」諸字多作 、、、 等形，從其構形來看這些字形實際上就包含了甲骨、金文中「亢」的字形 ，下方所加的豎筆及短橫筆很有可能

將 隸定為「亢」，訓為「遮蔽」，指處在右上、左下對角的艮卦遮蔽了右下的坤卦與左上的乾卦。〔註26〕學者們對該字有不同的看法，主要有兩種方向：

（1）贊同整理小組的說法，認為 應讀為「亢」：

侯乃峰認為整理小組將「亢」釋為「遮蔽」雖然可通，但未能盡其意，故將之重新訓為「梗」，有「災害」、「禍害」的意思，猶如今言「從中作梗」，指艮卦阻隔坤、乾二卦為災。〔註27〕

黃杰則認為「亢」可音通為「更」，訓為「經過」，認為整理小組將「亢」釋為「遮蔽」不確，原因在於《筮法》的閱讀順序乃是右上至左下，該筮例的坤卦位於右下、乾卦處於左上正好相連，故釋「亢」為阻隔似乎不妥。另從音義的層面來看，古文獻中「亢」聲與「更」聲字有音通的現象，如《說文》：「秔，稻屬，從禾亢聲。稉，秔或從更聲。」、《晏子春秋·內雜篇上》：「養其親者身伉其難。」《說苑·復恩》：「伉作更」。而「更」字的用法如《史記·大宛列傳》：「道必更匈奴中。」《索隱》曰：「更，經也。」有經過、貫通的意涵，因此「一卦亢之」應讀為「一卦更之」，指該筮例中的艮卦經過並貫通首尾。〔註28〕

（2）讀為「乘」：

如網友有鬲散人的意見：

《筮法》簡19中所謂的「亢」字，簡57中所謂的「玩」字，其實應釋為「乘」和「瑈」。戰國文字中從「乘」聲的「勝」字和「乘」字或作：【《陶彙》3.1304】、【《集成》9975】、【《陶錄》3.154.1】、【《新蔡》甲三79】。將上揭「乘」字與《筮法》中所謂的「亢」字比較，我們不難看出，所謂的「亢」字就是「乘」字的一種簡省寫法。

是「亢」字的繁寫演變而來。而認為《筮法》應讀為「亢」的學者，多認為該字與 之間的關係和 與 之間的關係一樣是繁簡異體。如黃杰提到古文字中常有因為相同部件增減而並存繁、簡字形，像是「楚」字就有從有從一木或二木兩種字體。陳劍：〈試說戰國文字中寫法特殊的「亢」字和從「亢」諸字〉，收錄於劉釗主編：《出土文獻與古文字研究（第三輯）》，上海：復旦大學出版社，2010月7月，頁152～182。黃杰：〈清華簡《筮法》補釋〉，頁19。

〔註26〕李學勤主編：《清華大學藏戰國竹簡（肆）》，頁80。

〔註27〕侯乃峰：〈釋清華簡《筮法》的幾處文字與卦爻取象〉，頁20。

〔註28〕黃杰：〈清華簡《筮法》補釋〉，頁18～19。

簡 57 中的「瑈」為名物詞，語境限制性甚小，用為什麼詞很難考
索。簡 19 中的「乘」字，整理者釋為「兊」，訓為遮蔽，對本卦例
的解釋是：「右下坤，左上乾本相匹配，而被同一艮卦遮蔽。」如果
整理者對本卦例的理解沒有問題的話，「乘」或可訓為「覆」，《說文・
桀部》：「乘，覆也」，「覆」與遮蔽意思差不多。古書中的「乘」字
或用於和卦有關的語境中，如：《左傳・昭公三十二年》：「在《易》
卦，雷乘《乾》曰《大壯》，天之道也。」杜預注：「《乾》為天子，
《震》為諸侯而在上，君臣易位，猶臣大強壯，若天上有雷。」此
處「乘」的意思是「凌駕於……之上」。如果「乘」在簡文中也是這
個意思的話，「一卦乘之」或可理解為左下角、右上角的兩個艮卦凌
駕於右下角的坤卦之上，坤卦代表女，此卦例緊接的上一卦例，占
問的是死妻，此卦例占問的或許只是妻子的疾病，而不是夫妻兩者
的疾病。還有一種可能，根據整理者的意見，「一卦乘之」的「之」
指的是乾、坤二卦，不過，此「之」字代表的也有可能是整個卦例。
如果是這樣的話，「乘」字或可讀為「陵」，訓為跨越。《史記・秦始
皇本紀》：「匡飭異俗，陵水經地」。張守節正義：「陵，猶歷也。」
「一卦乘（陵）之」的意思就是：同一個艮卦貫穿整個卦例。

另外，《飛諾藏金》所收楚兵器向壽戈中有一字作🀄️，整理者釋為
「統」，其實該字應釋為「縺」，乘旁上部所作的「大」，與我們考釋
的《筮法》中的「乘」字上部所從相同。〔註29〕

就此來看，🀄️雖然不是古文字中常見的「乘」字字形，但由於有「🀄️」這
個上方不加「止」形的例證存在，故推測此字應為「乘」字。李宛庭更認為
這種不加止形的乘字寫法是承接甲骨、金文而來，並與戰國時期齊魯文字中
的「乘」字相似。齊系文字中的「乘」字上方也多未加「止」形，如🀄️【《集
成》12087】、🀄️【《璽彙》3554】，因此🀄️上半部的寫法應也是受到齊魯文字影
響所致。〔註30〕

〔註29〕有鬲散人：〈初讀清華簡（四）筆記〉，簡帛論壇，第 56、64 樓，2014 月 1
月，網址：http://www.bsm.org.cn/forum/forum.php?mod=viewthread&tid=3155&
extra=page%3D1&page=6、http://www.bsm.org.cn/forum/forum.php?mod=view
thread&tid=3155&extra=page%3D1&page=7

〔註30〕李宛庭：《清華大學藏戰國竹簡（肆）・筮法研究》，頁 59～60。

案：根據學者們的論述，可知**☖**不論讀為「亢」或是「乘」，都可以解釋成「經過」，指兌卦貫通該筮例的首尾。因此從字義的層面上，很難斷定**☖**究竟該讀為「亢」或是「乘」。只不過從字形的層面來看，**☖**應為「亢」而非「乘」字。雖然**☖**讀為乘，可說是帶有齊系風格、從「几」的乘字。但從〈征〉節中可以找到楚文字中常見的「乘」字寫法，其筮例中有兩個「勝」字皆從戈、從乘作**戮**、**戮**，而不使用**☖**形，可為其證。〔註31〕

此外，黃杰也提供了另一條線索，其據〈爻象〉節**珞**接於「琥」字之後，疑**珞**應如整理小組所說讀為「璜」。傳世文獻中琥、璜常並見，如《禮記‧禮器》：「圭璋特，琥璜爵。」孔穎達疏曰：「琥璜爵者，琥璜是玉劣於圭璋者也，天子饗諸侯，或諸侯自相饗，行禮至酬時，則有幣將送酬爵，又有琥璜之玉將幣，故云琥璜爵也。琥璜既賤，不能特達，故附爵乃通也。」〔註32〕可知琥、璜皆為玉石，用以天子賞賜諸侯或諸侯之間互贈。另外《周禮》中多次提到的「六玉」就包含琥、璜，如《春官‧宗伯》提到古之「六玉斂屍」之禮：「駔圭、璋、璧、琮、琥、璜之渠眉，疏璧琮以斂屍。」〔註33〕而《春官‧大宗伯》亦提到以六玉作為祭祀禮器：「以玉作六器以禮天地四方，以蒼璧禮天，以黃琮禮地，以青圭禮東方，以赤璋禮南方，以白琥禮西方，以玄璜禮北方。」〔註34〕《秋官‧小行人》亦言：「合六幣：圭以馬，璋以皮，璧以帛，琮以錦，琥以繡，璜以黼，此六物者，以合諸侯之好故。」〔註35〕皆可為證。若**珞**讀為「璜」，代表**☖**可通「黃」聲，「黃」上古音為匣母陽部，「亢」為見母陽部，兩者音近可通。「乘」則為船母蒸部字，陽部與蒸部韻尾皆是〔ŋ〕，陳新雄於《古音研究》中提到「陽蒸對轉：《禮記‧月令》以恒韻裳長量常；《楚辭‧離騷》以常韻懲；《荀子‧大略》以行韻興。按陽讀〔aŋ〕，蒸讀〔eŋ〕，韻尾相同，但元音相去稍遠，故旁轉亦不多矣。」〔註36〕據此可

〔註31〕只不過，從上文所論的「病」字來看，可以發現《筮法》的確有個別文字受到其它國別書寫風格的影響而造成同簡異寫的現象（**宥** / **取**），由於沒有大量文例支撐，目前還很難用書寫習慣來否定**☖**為「乘」字。但根據筆者指導教授魏慈德老師的意見，**☖**從字形來看應不會是「乘」字。

〔註32〕【漢】鄭玄注，【唐】孔穎達等正義：《禮記正義》，臺北：藝文印書館，1985年，頁453～454。

〔註33〕【漢】鄭玄注，【唐】賈公彥疏：《周禮注疏》，頁316。

〔註34〕【漢】鄭玄注，【唐】賈公彥疏：《周禮注疏》，頁281。

〔註35〕【漢】鄭玄注，【唐】賈公彥疏：《周禮注疏》，頁568。

〔註36〕陳新雄：《古音研究》，臺北：五南書局，1999年4月，頁471。

知雖然陽、蒸有音通的案例，但元音較遠，不如「黃」、「亢」的音韻相近，故推測  當從整理小組所說讀為「亢」。〔註37〕

　　然而，若讀 ⿱ 為「亢」，那在此究竟該訓為「遮蔽」還是「經過」呢？

這應該從筮例的卦畫 ▦ ▦ 來看，該筮例的占辭為「一卦亢之」，此處的

「一卦」指右上及左下的艮卦應無疑義。亢為動詞，指艮卦造成了某種卦象。黃杰不認同整理小組訓亢為「遮蔽」、「阻隔」的原因，在於右下的坤卦與左上的乾卦就閱讀順序來看是連貫的，並無阻隔之象。雖然從《筮法》中「妻夫」的卦象來看，《筮法》的卦象不一定與閱讀順序有關：

〈得〉1	▦ ▦	妻夫同人
〈雔〉1	▦ ▦	妻夫相見
〈咎〉1	▦ ▦	見述日、妻夫……。

〈得〉例 1 的妻指左上坤卦，夫指右上乾卦。〈雔〉節例 1 的妻指左上的兌卦，夫指右上的艮卦。〈咎〉節例 1 的妻指左下的坤卦，夫指右下的乾卦。如果《筮法》占辭嚴守右上至左下的閱讀順序，那麼這些「妻夫」應都讀為「夫妻」才是，據此或可推論《筮法》的卦象不一定與閱讀順序有關。而從「一卦亢之」筮例的占辭中，也看不出來亢是否與閱讀順序有關，很難單就《筮法》卦畫的閱讀順序來反駁整理小組將亢訓為「遮蔽」的說法。只不過從反面思考，由於《筮法》中並沒有其他「一卦亢之」的筮例可供參照，目前亦不能肯定此筮例與易卦的閱讀順序無關，雖然〈四位表〉無說，但就《筮

〔註37〕上述黃杰之說請參氏著〈清華簡《筮法》補釋〉，頁 19。

法》整體的閱讀順序是由上而下，由右而左這點來看，將右上卦視為首、左下卦視為尾亦相當合理，因此黃杰的「經過」之說亦有可能，在不能確定何說正確的情況下，僅能將兩說並陳，以待將來更多材料佐證。

8. 牉

由於例 3、4 的「待死」與例 5、6 的「今焉死」都具有時間上的意義，容易使人懷疑「乃曰將死」的「將」是否也作為時間副詞使用。如《孟子·告子下》：「天將降大任於斯人也。」〔註38〕、《論語·八佾》：「天將以夫子為木鐸。」〔註39〕都將「將」作為時間副詞使用。只不過從前後「筮死妻者」與「筮死夫者」兩則筮例的占辭來看，或可推測這裡的「將」是一個虛字。

《筮法》的筮例編排具有一定的規律性，單以本節〈死生〉的筮例來看，例1、例2皆是談「虛」，兩例都是6個字，結果為「死」。例3、例4皆是「三A同B」的形式，也都是6個字，結果皆為「待死」。例5、例6則是在「三A同B」的卦象基礎上多了「惡爻處之」的爻象，兩例皆是11個字，結果皆為「今焉死」。而「乃曰將死」的筮例夾在「筮死夫者」與「筮死妻者」兩則筮例之中，三例皆為11字，例7、9的筮占結果皆為「乃曰死」，就此規律來看，例8的筮占結果應與例7、9相同為「乃曰死」。

因此，筆者認為此處的「將」字應是為了行款的整齊而增加，意義等同於「猶」、「尚」，如裴學海在《古書虛詞集釋》中提到《晏子春秋·外篇》：「吾細人也，猶將患死。」的「猶將」即「猶尚」。《史記·商君傳》：「尚將欲延年益壽乎？」的「尚將」即「尚猶」。〔註40〕此處的「將」並沒有時間上的意義，而應屬於李守奎所說是為了行款整齊所增衍的字。

二、得【簡 1-23】

編　號	卦　　畫	釋　　　文	簡　序
1		妻夫同人，乃寻（得）。	1-2

〔註38〕【漢】趙岐注、【宋】孫奭疏：《孟子》，臺北：藝文印書館，1985 年，頁 223。
〔註39〕【魏】何晏注、【宋】邢昺疏：《論語》，臺北：藝文印書館，1985 年，頁 31。
〔註40〕裴學海：《古書虛字集釋》，北京：中華書局，1954 年 10 月，頁 616。

2			參（三）左同右，乃尋（得）。	3-4
3			參（三）右同左，乃尋（得）。	5-6
4			參（三）男同女，乃尋（得）。	7-8
5			參（三）女同男，乃尋（得）。	9-10
6			見卟（覆）1譬（數），乃亦尋（得）。	11-12
7			复（作）於陽，內（入）於金（陰），亦尋（得），元（其）律（失）2十三。	13-15
8			旾（春）見八，乃亦尋（得）。	16-17
9			頪（夏）3見五，乃亦尋（得）。	18-19

10		秌（秋）見九，乃亦㝵（得）。	20-21
11		各（冬）見四，乃亦㝵（得）。	22-23

1. 屮

此字原簡作❀，整理小組有兩種解釋，一是如李學勤所言讀為「丁」，二是從郭永秉之說讀為「覆」。〔註41〕關於前者，李學認為該字是「丁」的變體，〔註42〕但同簡〈天干與卦〉有「丁」字作「▼」，明顯與此字不同。且從〈天干與卦〉來看，「丁」即對應兌卦，「見丁數」猶言「見兌兌」，〔註43〕而此筮例僅有左上是兌卦，如果只是要表達兌卦在上卦，那麼此處應如其它筮例作「數而出」，且金宇祥認為從〈支〉、〈雔〉、〈行〉等出現「數出」卦象的筮例來看，「數而出」的卦象應無左右之分，〔註44〕故「屮數」也應與兌卦的位置無關。綜而觀之，將❀讀為「丁」除了與《筮法》的用字習慣不合外，於意也不通，因此❀當不為「丁」字。

從字形來看，此字為倒山之形，如同簡有「山」字作❤。除了方向外，與此字只差一橫筆。而清華簡中亦有不少有橫筆的「山」或從「山」之字，如❤【清華二‧楚居】1】、❤【清華一‧程寤】3】，可知❀確實為倒山之形。此外，清華三《芮良夫毖》及《赤鵠之集湯之屋》兩篇文獻中亦可見到相同字形的字—❀【清華三‧芮良夫毖】6】、❀【清華三‧赤鵠之集湯之屋】15】，這兩個字以往整理小組皆讀為「丁」字。只不過如上所述，由於該字字形與常見的「丁」字不類，故有學者不同意將之讀為丁。

隨著學界研究的深入，目前學界多從郭永秉的意見將此字讀「覆」。郭永秉從《芮良夫毖》及《赤鵠之集湯之屋》的文義和《芮良夫毖》的用韻來推測此倒山形之字應讀為倒「覆」之「覆」。《芮良夫毖》、《赤鵠之集湯之屋》

〔註41〕李學勤主編：《清華大學藏戰國竹簡（肆）》，頁83。
〔註42〕李學勤：《初識清華簡》，上海：中西書局，2013年6月，頁186～187。
〔註43〕「數」在《筮法》中指兌卦，詳論請見本文第三章第二節。
〔註44〕金宇祥：〈《清華肆‧筮法》淺議〉，頁10。

的簡文如下：

> 尚置= (恆恆) 敬挙 (哉)，募 (顧) 皮 (彼) 遂 (後) 遑 (復)，君
> 子而受東萬民之咨，所而弗敬，卑 (譬) 之若童 (重) 載以行陸 (崎)
> 險，莫之赦 (扶) 道 (導)，亓 (其) 由不邅 (攝) 🦇 。(【《清華三·
> 芮良夫毖》5-6】)

> 亓 (其) 一白兔不曼 (得)，是钊 (始) 為埤 (陴) 🦇 者 (諸) 麈
> (屋)，以戕 (禦) 白兔。(【《清華三·赤鵠之集湯之屋》14-15】)

郭永秉從《赤鵠之集湯之屋》的簡文文義推測此處的 🦇 有覆蓋的意思，其中「埤」應是一種放置於屋上用來防禦外物入侵的東西，因此將 🦇 釋為「覆蓋」、「加上」頗合文義，「🦇 諸屋，以禦白兔」即指將「埤」覆蓋在屋上，以防禦白兔入侵。而《芮良夫毖》的「邅」字，經學者研究發現此字不讀為「攝」，而當讀為「顛」，如此一來也可推測 🦇 應讀為「覆」，〔註45〕「譬之若重載以行崎險，莫之扶導，其由不顛覆。」則可以解釋為「譬如載重以行過險峻之地，如果不加以扶助，怎麼可能不顛覆呢？」可見將此倒山形之字解釋成「覆」於兩簡的文義皆可通。此外，郭永秉也提到馬楠曾考察《芮良夫毖》的用韻狀況，發現該文先押幽覺合韻，接著依序押陽部韻、真部韻、之職合韻、東陽合韻，最後一段押職部韻。郭永秉指出「其由不顛 🦇 」前皆是押幽覺合韻，而後一大段簡文都是押陽部韻，從文義來看，「其由不顛 🦇 」明顯與前文密切相關，故推測其韻腳當也是幽部或覺部字。而「覆」上古音為滂母覺部字，正合其韻。〔註46〕

〔註45〕郭永秉在文中亦提到蔡偉曾疑 🦇 讀為「顛」，但由於前字「邅」現已被釋讀為「顛」字，故 🦇 當不為「顛」。

〔註46〕事實上，趙平安也對該字的釋讀提過相關意見，認為如果將該字讀為「覆」，與戰國時期的用字習慣不合。並從戰國文字中有一些讀為「亭」的字作 🀫（亭佐鄒之戈，《珍秦齋藏金 (吳越三晉篇)》【49～71】）、🀫 (《璽彙》0279)，其下方所從應該就是 🦇 字，推測該字應該是「亭」的初文，是東周文字另一種「亭」字的寫法，與吳越一系的寫法關係密切。在《筮法》中通讀為「頂」，「頂」、「亭」都從「丁」得聲，故可音通。「見頂數」應指見到兌卦在上。只不過，如上所言，如果只是要表達兌卦在上卦，那此處應直接寫成「數而出」，故該字應不讀為「頂」。趙平安：〈再論所謂倒山形的字及其用法〉，《深圳大學學報 (人文社會科學版)》第 31 卷第 2 期 (2014 年 3 月)，頁 52～53。

至於倒山形為何作為「覆」字使用，郭永秉則提到《說文》曾提及「殄」字有古文作 ，陳劍認為此「殄」之古文實為「顛」的初文，倒「人」字以象徵「顛」的意涵。故推測 可能是反轉「山」的字形來表示顛覆的意思。〔註47〕此外，李守奎發現古文字中有許多「倒寫構形」的實例，如「首」在《說文》中倒寫成「𥄉」，在文獻中𥄉多通假成「梟」字，指頭被砍下來倒掛在木柱上，此一形象與「𥄉」倒首之形相合。又如「屰」字為倒置的人形，象徵逆反。此外如上舉之「人」字倒寫作「顛」使用；還有「𠂤」與「今」、「上」與「下」皆是藉由顛倒其形來表達相反的意思，可見將倒山形讀為「覆」，很有可能也是由「倒寫構形」而來。〔註48〕就此來看，將 數讀為「覆數」有文字構形上的支持。

然而，「覆數」又該怎麼理解呢？整理小組認為可能指「左側上兌卦下巽卦的卦畫互為反覆」，〔註49〕但這個說明並不是很清楚，按照其解釋有兩種解法：一是專指卦畫與「兌」相反的「巽」，也就是說「覆數」就是指左下卦的巽卦。由於「數」在《筮法》中即指兌卦，因此「覆」就可能表示卦畫與之顛倒的巽卦，二是指左側「上兌下巽」的卦象，左卦上兌為數，下巽為覆，故稱「覆數」。

關於第一點，若「覆數」專指巽卦而與兌卦無涉，那麼此處的占辭應直言巽即可，不必拐彎抹角以「覆數」代表之。鑒於《筮法》其它提到「數」的筮例都出現兌卦，當可推測「覆數」應該還是與左上的兌卦有關。至於第二點，蔡飛舟認為如果要以《周易》「覆卦」的概念來解釋這則筮例，必須具備兩個條件：一是巽作為兌的覆卦，必沾染兌卦的吉，方有「乃亦得」的筮占結果。二是巽卦既然為兌卦的覆卦，那麼《筮法》中的巽卦可能有兌卦相近或

〔註47〕除了《芮良夫毖》與《赤鵠之集湯之屋》之外，郭永秉也提到《清華五》所收錄的《殷高宗問於三壽》中「厭匪平，惡匪傾」的「傾」字原簡作 ，從聖又從倒山形。其中「聖」、「傾」聲近韻同，可知「聖」當為「傾」字的聲符，而倒山形則是義符。裘錫圭就此字疑倒山形可能就是「傾」的初文，事實上讀為「傾」也符合「倒寫構形」的現象，但郭永秉認為從《芮良夫毖》的用韻即其與「顛」字連用的狀況來看，此倒山之字仍讀為「覆」較為合理。上述郭永秉說請參氏著〈釋清華簡中倒山形的「覆」字〉，收錄於郭永秉著《古文字與古文獻論集續編》，上海：上海古籍出版社，2015 年 8 月，頁 262～272。

〔註48〕李守奎：〈漢字倒寫構形與古文字的釋讀〉，漢學研究第 33 卷第 2 期，2015 年 6 月，頁 173～194。

〔註49〕李學勤主編：《清華大學藏戰國竹簡（肆）》，頁 83。

相似的作用。不過這兩點從《筮法》中均未見，因此以覆卦來解釋「覆數」的說法亦不確。〔註50〕

李守奎則用〈支〉、〈行〉兩節與數有關的占辭「數而入，乃復」來解釋「覆數」可能就是「數入，復」的意思，其言：

> 第二節中的「見覆數，乃亦得」與第四節中的「凡支，數而出，乃述（遂）。凡支，數而入，乃復」、第十三節「凡行，數出，述（遂）。數入，復。」文義當有關聯。覆可讀為復，楚簡「顛覆」一詞，字多作「遠遠」，即「復」字異體。「覆數」大概就是簡文所說的與「數出，述（遂）」相對應的「數入，復。」〔註51〕

只不過以《筮法》占辭的格式構成來看，「數入，復」之「數入」應為「占辭」，「復」應為筮占結果。而本例「見覆數，乃亦得」的「覆數」為占辭，「乃亦得」為筮占結果。如果將「覆數」解為「數入，復」，那這則筮例實際上就等同於有「乃復」、「乃亦得」兩種筮占結果。雖然「覆」、「復」可通，但此說與《筮法》的體例不合，故李守奎之說不確。

綜考《筮法》中所有言「數」的筮例，其卦畫中大部份的兌卦皆是由六、（一七）組成作，唯此處的兌卦由筮數四、五、九構成，寫成，或可推測「覆數」之「覆」可能與筮數有關。子居在釋讀此筮例時，亦認為此處的卦象與筮數有關，其將讀為丁、訓為「顛」，指「筮數自下方讀起的大小順序倒置」。〔註52〕不過，蔡飛舟反對這種看法，其認為如果「覆數」指「筮數排列倒置」，那麼占辭應作「覆數數（覆數的數，前一個數指數字，後一個數指兌卦）」而非「覆數」。再加上除了〈征〉節之外，《筮法》中沒有其它與筮數序列有關的卦，且〈征〉節也未言明數列何者為正何者為倒，故其認為子居之說亦不確，「覆數」應指「兌卦筮數之非常者。」〔註53〕對此，筆者認為此處的兌卦以四、五、九組成，有別而其它以數（兌卦）為占的案例，從卦畫的特殊性即可猜想「覆」極可能與筮數組成有關，不必寫成「覆數數」才知指數字，故子居將「覆數」與數字排列順序連結的觀點可從。只不過，《筮法》中並沒有說明何種數列為正，何種為倒。雖然《筮法》的閱讀順序是由右上

〔註50〕蔡飛舟：〈清華簡《筮法》補釋〉，頁13～15。
〔註51〕李守奎：〈漢字倒寫構形與古文字的釋讀〉，頁188。
〔註52〕只不過從郭永秉的論述，從《芮良夫毖》的「顛」可知此倒山字當不讀為「顛」。子居：〈清華簡《筮法》解析（修訂稿上）〉，頁20。
〔註53〕蔡飛舟：〈清華簡《筮法》補釋〉，頁15。

至左下，但這並不代表《筮法》成卦時卦畫也是由右上爻開始畫至左下爻，因此沒有辦法確定何種數列才是「覆數」。

綜上所論，首先🔯應如郭永秉所言讀為「覆」，而「覆數」的意思應指組成該兌卦的數列倒覆，只不過由於不清楚《筮法》各爻的形成的順序，故目前尚不能確定此兌卦之覆該由下往上讀為「九五四」，抑是由上往下讀為「四五九」。

2. 徟

此字原簡作🔯，整理小組隸定為「徟」，讀為「失」，但學者們有不同的觀點，目前有兩種讀法：

（1）讀為徟：

如李宛庭認為此字上方「止」形的寫法明顯與楚簡中的「失」字不類，且同簡〈人身卦位圖〉有「南」字作🔯，與此字的右旁相同，故🔯應隸定為「徟」而非「徟」。至於「徟」的意義，李宛庭提到放馬灘秦簡《日書甲種·天干占盜》常將方位與「得」、「不得」並舉，如簡乙168壹「丙亡，盜在西方，從西北入，折齒，得，男子毆，得。」、簡乙169壹「丁亡，盜女子毆，在東方，其疵在足，已南吳，不得。」推測徟應指向南行，整段占辭的意思即為「向南走十三（某距離單位），即可捉到盜賊或尋回贓物」。〔註54〕

（2）贊同整理小組的意見，讀為「失」：

如金宇祥在《清華大學藏戰國竹簡（肆）讀本》中提到，雖然🔯字的右旁與同簡的「南」字字形相同，但將此字讀為「南」字不通。雖然該字上部的「䢧」形與楚簡中常見的寫法不類，但《筮法》從「䢧」的「乾」字寫成🔯，與🔯偏旁上部的寫法相同。而楚簡中「䢧」上部的「止」形常訛寫成「䢧」形。故🔯應是將上方的「止」訛為「䢧」，而省略「辶」部字形的「䢧（失）」字。〔註55〕

案：金宇祥之說當可從，雖然李宛庭舉了《日書》盜篇的內容作為例證，但金宇祥之說於文字構形的層面上也說得通。雖然筆者在字書中找到「行」＋「方位」的「徟」、「徟」兩個字，這兩字皆有「行走」的意思，如《集韻·東》：「徟然，行貌。」〔註56〕《廣韻·東》：「徟，行貌。」〔註57〕《龍龕手

〔註54〕李宛庭：《清華大學藏戰國竹簡（肆）·筮法研究》，頁68。

〔註55〕季旭昇主編：《清華大學藏戰國竹簡（肆）讀本》，頁23。

〔註56〕趙振鐸：《集韻校本》，上海：上海辭書出版社，2012年12月，頁7。

〔註57〕【宋】陳彭年撰，林尹校訂：《宋本廣韻》，臺北：黎明文化，1976年9月，

鑒‧卷四》：「徆，音西，行貌。」〔註58〕據此，或可推測「徆」也具有行走的意思。且根據《筮法》中有命辭「行」及「行祟」，皆用 彳亍 字的現象來看，「徆」應不只有行走的意思。另外，睡虎地、放馬灘秦簡《日書》與孔家坡《日書》關於盜和亡相關宜忌，〔註59〕結果也用得與不得表示。阜陽漢簡《周易》也有「卜亡者得」【408】、「亡者不得」【417】，證明《易》確實被拿來占卜捉拿可不可得。〔註60〕但從先秦現有的文獻中，還沒有看到這類「行」＋「方位」字的詞例，故今暫從金宇祥之說，將此字隸定為「徝」，讀為「失」。

　　至於為何占得「作於陽，入於陰」的結果是「其失十三」，整理小組認為是「作於陽，入於陰」是由兌卦而來，兌卦由一陰爻、二陽爻組成，陰爻佔了三分之一，故曰「其失十三」，指筮占結果雖然是「得」，但會損失十分之三。〔註61〕

　　只不過這個解釋的判斷原則只和「兌卦的卦畫」組成有關，若只與卦畫的陰陽爻組成有關，占辭為何要強調「作於陽，入於陰」呢？因此，筆者認為這個解釋還有疑慮，但由於筮例過少，目前恐怕無法解決這個問題。

3. 頍

　　此字原簡共五見，皆作 𭶐 。整理小組原隸定為頴，今從孫合肥之說將此字重新隸定為頍，其左下方的 七 應為「又」形而非「止」形。孫合肥提到古文字中的又、中、止三個偏旁經常訛混，雖然這種從「又」的夏字在楚簡中

　　　　　頁 23。

〔註58〕【遼】釋行均撰：《龍龕手鑒》，臺北：藝文出版社，1966 年，卷三頁 49。

〔註59〕亡，指逃亡。如劉樂賢認為：「從《日書》來看，統治者與被統治者之間的對抗關係是相當嚴重的。……窮人用逃亡的方式躲避政府的賦斂縣役，用「盜竊」財物的方式獲得生活資料，這大概是窮人與統治者對抗的兩種重要方式。統治者和富有者為了維護自己的地位和財富，是不能容忍窮人這樣做的。從《日書》來看，當時的統治者採取了種種方法捉拿盜者和逃亡者。《日書》，常常出現『攻盜』【甲種 15 正貳】、『執盜賊』【139 正捌】、『以亡，必執而入公而止』【19 正貳】一類記載就是證據。同墓出土的法律文書中有關捕捉盜者、逃亡者的記載很多，說明秦政府對此事非常重視。」劉樂賢：《睡虎地秦簡日書研究》，臺北：文津出版社，1994 年 7 月，頁 428～429。

〔註60〕韓自強：《阜陽漢簡《周易》研究》，上海：上海古籍出版社，2004 年 7 月，頁 76。

〔註61〕李學勤主編：《清華大學藏戰國竹簡（肆）》，頁 83。

並無前例，但可於三晉文字中見之，如 【璽彙】3990】。〔註62〕就此來看，此字是《筮法》具有三晉文字風格的又一例證。

三、享【簡1-4】

編　號	卦　畫	釋　　　文	簡　序
1		凸（凡）言（享），月朝屯（純）牝，乃鄉（饗）。	1-2
2		月夕1屯（純）戊（牡），乃亦鄉（饗）。	3-4

1. 夕

《筮法》的夕字有兩見，分別為 〈享〉【3】、〈貞丈夫女子〉【26】，皆與楚文字中常見的夕字寫法不同，如 【九店】56：66】。李守奎提到《筮法》的「夕」字寫法，也帶有三晉文字的特點，如 【璽彙】1723】。〔註63〕

四、支【簡5-8】

編　號	卦　畫	釋　　　文	簡　序
1		凸（凡）支1，彎（數）而出，乃述（遂）。	5-6
2		凸（凡）支，彎（數）而內（入），乃偈（復）2。	7-8

〔註62〕孫合肥：〈清華簡《筮法》箚記一則〉，復旦大學出土文獻與古文字研究中心網站，網址：http://www.fdgwz.org.cn/Web/Show/2222（2014年1月25日）。
〔註63〕李守奎：〈清華簡《筮法》文字與文本特點略說〉，頁59。

1. 夏

此字原簡皆作 ，為楚簡中常見的「夏」字，整理小組將之讀為「弁」，認為此節內容接在祭言之後，疑「夏」指「冠禮」。〔註64〕有不少學者反對整理小組的說法，其原因主要有兩點，其一是文獻中多稱冠禮為「冠」而非「弁」。其二是本節的筮占結果「遂」、「復」與冠禮不合。如暮四郎在清華簡甫出時，即疑「夏」不應讀為「弁」：

> 竊以為「夏」讀為「弁」可疑，原因有二：古籍中表示冠禮多用「冠」，少用「弁」。其二，簡文中筮占的結果有「遂」、「退」，似與冠禮不搭配，因為冠禮的結果沒有說「退」的道理。（「退」字，整理報告原釋為「復」……即便此字按整理報告釋為「復」，也與冠禮不搭配。）「夏」當讀為「變」。這也是楚簡此字的一般用法。「變」指事物的變化。「遂」指變化之達成，「退」或指向後之變化。〔註65〕

有不少學者皆支持其觀點，認為「夏」並非指冠禮。對於「夏」的所指，目前學界可見四說：

（1）即命辭「至」：

谷繼明主張在〈夏〉節之後的〈至〉並沒有如《筮法》多數的章節一樣以「凡」作為開頭，再加上《筮法》中有與「至」意義相近的〈行〉節，其兩則筮例的筮占結果也是「述」、「復」，推測「夏」、「至」當為同一節。而「夏」所指何字待考。〔註66〕

（2）讀為「變」，指變化：

如上引暮四郎之說，認為「夏」或可讀為「變」。李宛庭贊同其說，認為有兩個證據可以證明這點，其一是鞭、變古音皆為幫母元部，音韻皆同可通。其二則是如季旭昇所說，《筮法》的命辭中，除了有些針對一事的命辭外，還有一些籠統、不專門針對一事的命辭，例如「果」、「得」、「咎」、「雠」，〔註67〕

〔註64〕李學勤主編：《清華大學藏戰國竹簡（肆）》，頁86。
〔註65〕其將此節例2的 字改釋為「退」，但裘錫圭已辨明此字為帶有三晉風格的「復」字。暮四郎：〈初讀清華簡（四）筆記〉，簡帛論壇，第49樓，2014年1月，網址：http://www.bsm.org.cn/forum/forum.php?mod=viewthread&tid=3155&extra=page%3D1&page=5
〔註66〕谷繼明：〈清華簡《筮法》偶識〉，頁24～25。
〔註67〕季旭昇：〈從《筮法》與《周禮》談筮占「三十三命」〉，收錄於江林昌主編：《清華簡與儒家經典》，上海：上海古籍出版社，2017年10月，頁54。

推測「攴」可讀為「變」，也是一種不專指一事的命辭。〔註68〕

（3）讀為「辯」，指辯論：

暮四郎以本名黃杰發表〈清華簡《筮法》補釋〉一文，維持原本「攴」不應讀為「弁」的看法，但捨棄了原本讀為「變」的觀點，認為「攴」在楚簡中還常用作「辨」或者「辯」，故推測「攴」可能指辯論。〔註69〕

（4）讀為「更」，指《周禮·春官·宗伯》中的「巫更」，即遷都邑：〔註70〕

此說最早由謝炳軍提出，認為 **更** 或可讀為更，〔註71〕但並未提出解釋。劉佳佩根據新蔡零簡的更字 **更**【《新蔡》零309】，疑此讀為更字。而其後文又云：「因此此釋為更是極有可能的，與子居所說的『變』，《說文》云：『變，更也』。『更，改也』相近。以此，此節所筮問之事，有可能是筮問遷都邑之事。」也認為此字可能為「變」，不過應通讀為「更」，都是指筮問遷都邑之事。〔註72〕

案：上述四種意見中讀為「變」無疑是被較多學者接受的觀點，原因有三：一是古代未有以「弁」稱呼冠禮者。二是「攴」為鞭之古文，鞭、變古音皆為幫母元部，音韻皆同可通。三是如季旭昇所言，《筮法》確實有些命辭，並不專指一事。然而，將「攴」讀為「變」仍有可議之處，因為如果將「攴」讀為「變」，那麼「變」與《筮法》中的「果」、「志事」兩種命辭一樣，都是一個指涉範圍很廣的命辭，可能包含了多種事類，因所有事情皆有急變的可能。雖然季旭昇舉了一些《筮法》中籠統、不專指一事的命辭，如「得」、「雔」、「咎」、「果」等命辭，但除了「果」之外，其餘命辭實際上仍有一定的指涉範圍存在。

如「得」在《筮法》中有「得」與「小得」之分，從先秦文獻來看，「小得」多是相對於「大得」而言，如《管子·白心》：「小取焉得小得福，大取焉則大得福，盡行之而天下服。」〔註73〕《逸周書·度訓解》：「凡民生而有好

〔註68〕李宛庭：《清華大學藏戰國竹簡（肆）·筮法研究》，頁75、181。

〔註69〕黃杰：〈清華簡《筮法》補釋〉，頁20。

〔註70〕《周禮·春官·宗伯》：「筮人掌三易以辨九筮之名……，九筮之名一曰巫更……。」鄭玄注曰：「更謂筮遷都邑也。」【漢】鄭玄注，【唐】賈公彥疏：《周禮注疏》，頁376。

〔註71〕謝炳軍：〈清華簡《筮法》理論性與體系性新探〉，頁54。

〔註72〕劉佳佩：《清華簡〈筮法〉研究》，頁62～64。

〔註73〕黎翔鳳：《管子校注》，北京：中華書局，2006年6月，頁793。

有惡，小得其所好則喜，大得其所好則樂，小遭其所惡則憂，大遭其所惡則哀。」〔註74〕據此，可知「小得」本指得益較少，在此作為命辭與「得」有所區分，推測與「得」具體的占問內容可能有所分化。雖然不能知道兩種命辭的具體範圍及差別何在，但從〈得〉節可的「其失十三」與〈小得〉節疑指公族利益的「邦去正已」兩則筮例來看，可知「得」所占問的事類大體仍與財貨利益有關。

「讎」整理小組讀為「售」，指占問商業買賣是否能順利得售，也有明確的所指。〔註75〕

「咎」則是先秦筮占中常見的命辭，如包山簡中常見「躬身尚毋有咎」的命辭，通常為占問自身有無過失，或是會不會有災禍發生，〔註76〕實際上還是有其特定的占問範圍。

相對於上述三種命辭，「果」所涉及的事類範圍就較為龐大了。「果」為《周禮‧春官‧宗伯》的「大卜八命」之一，鄭玄注曰：「謂事成與不也。」〔註77〕即指占問欲達成之事可否完成。《筮法》未言「果」事所指為何，但從簡文來看，「果」包含了「大事」、「中事」、「小事」、「外事」、「內事」和「其餘事類」，雖然《筮法》並未言明這些事類的所指為何，可以確定此命辭包含了多種事類。而〈果〉節的抄寫位置在《筮法》的中段，且沒有卦畫輔以說明，或可推測〈果〉在《筮法》中類似各命辭解卦原則的總綱，即除了前述各節筮例所提到的解卦原則外，凡屬於大事占得「歲在前」，屬於中事占得「月在前」，其問之事也將成功，有補充的性質。

除了「果」之外，《筮法》中還有「志事」這一個命辭。從簡文觀之，「志事」與「果」相同，並沒有明確的事類範圍。另外，〈志事〉也寫在《筮法》簡較靠中的位置，其簡文曰：「凡筮志事，而見當日如當辰，乃曰速；疾亦然。五日為來，乃中期。」整理小組解之曰：「筮占志事時卦象與日干支相應，是志事將速得。筮占疾病時，則為速瘥。」〔註78〕其中，「當日與當辰」在前半

〔註74〕黃懷信、張懋鎔、田旭東撰：《逸周書彙校集注》，上海：上海古籍出版社，2007年3月，頁8。

〔註75〕關於此字，學者們有不同的意見，詳見本章〈讎〉的相關論述。李學勤主編：《清華大學藏戰國竹簡（肆）》，頁89。

〔註76〕如簡【197】、【200】、【201】都可見到這段文字。湖北省荊沙鐵路考古隊：《包山楚簡》，頁32。

〔註77〕【漢】鄭玄注，【唐】賈公彥疏：《周禮注疏》，頁371。

〔註78〕李學勤主編：《清華大學藏戰國竹簡（肆）》，頁104。

部的筮例中都沒有出現，僅有〈至〉、〈咎〉、〈瘳〉、〈雨霽〉可見「當日」、「述日」的解卦原則，但「當日」、「述日」的具體所指明顯與「當日與當辰」不同，[註79]加上這段簡文中也言明「疾亦然」，而《筮法》與疾病有關的命辭就有〈死生〉、〈瘳〉，或可推測本節的內容也有補充的性質。雖然第十九節的〈志事、軍旅〉帶有卦畫，但從此節亦出現「軍旅」來看，《筮法》前半部就有〈征〉這個與軍旅之事相關的命辭，不過卻出現了〈征〉未出現的「同次於四位之間」的爻象。可推測《筮法》之所以安排〈志事、軍旅〉，應是兩者都能使用「同次於四位之間」的爻象占斷，故將兩者放在同一節，以卦畫補充這兩個命辭的解卦原則。綜合來看，「志事」與「果」都有補充前述十七節筮例的性質。

回到「㐱」的解釋來看，如果將「㐱」讀成「變」指占問「事情的變化」，那麼「變」也和「果」、「志事」一樣，同屬沒有明顯事類範圍的命辭，但〈㐱〉節的占辭並未如〈果〉節區分出「大事」、「小事」、「外事」、「內事」等細項，其「數出」、「數入」的解卦手段也不似「當日與當辰」、「同次於四位之間」具有獨特性，雖然〈果〉節也出現了「數出」、「數入」的解卦手段，但分別限定了外事與內事，而㐱並未特別說明是否有限定某些事類。另外，〈㐱〉節「乃遂」、「乃復」的筮占結果似乎也不適用於所有的命辭，如占疾、占生男生女就很難用「乃遂」、「乃復」來解釋。再者，從《筮法》的結構來看，「志事」、「果」都抄於《筮法》中段用來補充前例之不足，若「㐱」讀為「變」，那「㐱」的性質也應有補充的作用，或當抄於簡的中段，相接於「志事」或是「果」節附近，但實際上「㐱」卻抄寫在簡的前段，周圍都是專指某事的命辭。因此，「㐱」很有可能也是有具體所指的命辭，而不是指占問「事情的變化」的籠統命辭。

至於剩下的「至」、「辯」、「弁」、「更」諸說。首先是「弁」，整理者認為與「冠禮」有關，畢竟冠禮中有「筮日」、「筮賓」的儀節。如《禮記·冠義》：「古者冠禮筮日筮賓，所以敬冠事，敬冠事所以重禮；重禮所以為國本也。」[註80]說明冠禮之前有筮日、筮賓之儀，表現古人對冠禮的重視。再加上從《筮法》的諸多內容來看，《筮法》的服務對象應具有一定的社會地位，如命辭中有與戰爭相關的「征」、「成」、「軍旅」的命辭，〈四位表〉中亦有「上軍

[註79] 當日、述日、當日與當辰的具體論述，可參本文第三章第四節的相關論述。
[註80] 【漢】鄭玄注，【唐】孔穎達等正義：《禮記正義》，頁998。

之位、中軍之位、下軍之位、次軍之位」、「君、身、臣、大夫」等卦位之象，應可推測《筮法》的適用對象包含了掌握軍權的公族大夫。而「冠禮」作為古代十分重視的成年禮，在《筮法》中出現相關的筮占亦屬合理。

此外，「支」、「弁」音近，「支」為幫母元部，「弁」為並母元部，兩者皆為重唇音，韻部相同或可通。且冠禮中也有「筮日」、「筮賓」的記載，符合本節「遂」、「復」的筮占結果。關於筮日、筮賓的流程，《儀禮‧士冠禮》有詳細的敘述：

> 士冠禮。筮於廟門。主人玄冠，朝服，緇帶，素韠，即位於門東，西面。有司如主人服，即位於西方，東面，北上。筮與席、所卦者，具饌於西塾。布席於門中，闑西閾外，西面。筮人執筴，抽上韇，兼執之，進受命於主人。宰自右少退，贊命。筮人許諾，右還，即席坐，西面。卦者在左。卒筮，書卦，執以示主人。主人受眡，反之。筮人還，東面，旅占，卒，進，告吉。若不吉，則筮遠日，如初儀。徹筮席。宗人告事畢。主人戒賓，賓禮辭，許。再拜，賓答拜。主人退，賓拜送。前期三日，筮賓，如求日之儀。〔註81〕

從中可見，筮日若吉則進而告吉，不吉則再選遠日再筮至得吉為止。〔註82〕而筮賓與筮日的流程大致相同，筮賓主要是要選出負責三加之儀的主賓，多由德高望重的賢者擔任，只不過《儀禮》在筮賓之前云：「主人戒賓，賓禮辭，許。」也就是說事實上負責加冠的主賓在筮賓之前就已經決定了，如賈公彥所疏：

> 筮賓，筮其可使冠子者，即下文三加，皆賓親加冠於首者是也。云賢者恆吉者，解經先戒後筮之意。凡取人之法，先筮後戒，今以此賓是賢者必知吉，先戒賓，賓已許，方始筮之。以其賢恆自吉，必先戒而後筮之也。若賢恆吉，必筮之者，取其審慎重冠禮之事。〔註83〕

就此來看，筮賓之儀僅是表達對冠禮的慎重而筮。若「支」指此「筮日」、「筮賓」之儀。那麼「遂」、或可讀為「進」，指占得「數而出」則「進，告吉」；「復」則有「再」的意思，指占得「數而入」需要重新筮占，於筮日而言指筮

〔註81〕【漢】鄭玄注，【唐】賈公彥疏：《儀禮正義》，頁7。
〔註82〕關於遠日，鄭玄注曰：「先筮近日不吉乃筮遠日，是上旬不吉，乃更筮中旬，中旬又不吉，乃更筮下旬。」【漢】鄭玄注，【唐】賈公彥疏：《儀禮正義》，頁6。
〔註83〕【漢】鄭玄注，【唐】賈公彥疏：《儀禮正義》，頁6～7。

遠日，於筮賓而言則可能指再筮占直至吉卦出現。

只不過，雖然「攴」與「弁」於音可通，「遂」、「復」的筮占結果於「筮日」、「筮賓」亦可通。但如學者所質疑，古稱冠禮多稱「冠」而不稱「弁」，先秦典籍中「弁」多指各種樣式的帽子，如皮弁、爵弁、周弁等等。或是做為動詞指配戴，如《禮記・雜記上》：「大夫之哭大夫，弁経；大夫與殯，亦弁経。」〔註84〕《詩經・齊風・甫田》：「未幾見兮，突而弁兮。」〔註85〕雖筆者疑此「弁」或指加冠者，代指冠禮中的「筮賓」之儀，不過文獻中也未找到稱呼加冠者為「弁」的案例，故在文字的層面上沒有決定性的證據證明「攴」與冠禮有關。

至於谷繼明與黃杰之說，首先關於前者，如果「攴」與「至」為同一節，那麼也意味著「攴」與「至」所占皆同，那麼此處應直接寫成「至」而非「攴」，且「攴」、「至」並不如第三節「享」與「鄉」是異體字的關係，故谷繼明之說不確。而黃杰將「攴」訓為「辯論」的觀點亦頗有可議之處，雖然從文字的角度來看，「攴」在古文字中確實可作為「辯」使用，如郭店簡《老子甲本》：「絕知棄攴。」或郭店簡《尊德義》：「教以攴說。」但如季旭昇所言，《筮法》中的命辭幾乎都是人力所不能控制的議題。〔註86〕正因如此，人們才希望藉由筮占請求上蒼給與答案。換言之，這些命辭的不確定性較大，才需要藉由筮占預知未來，輔助起占者下決定。而「辯論」的勝敗著重於辯論者雙方的思維、口才的攻防，較無難以捉摸的不確定性，且從傳世文獻及出土《日書》中也沒有發現占卜辯論的案例，故推測「攴」也不指「辯論」。

最後則是「更」，筆者認為從文字角度上， 應非劉佳佩所說為「更」字之訛。 應為鞭字，金文即寫成 【《集成》2831】。而更字上方從丙，作 【《集成》4200】，戰國簡牘則省略一個丙字部件作 【《睡虎地・日書甲種》114】。故新蔡簡 【《新蔡》零309】，上方實為丙旁之更字，雖然鞭、更字形相似，

〔註84〕弁経指喪禮穿戴的素帽，在此作為動詞使用，指穿戴弁経。如賈公彥疏：「弁経者，此謂成服以後，大夫往弔哭大夫，身著錫衰首加弁経。」【漢】鄭玄注，【唐】孔穎達等正義：《禮記正義》，頁721～722。

〔註85〕【漢】毛亨傳、【漢】鄭玄箋、【唐】孔穎達疏：《詩經》，臺北：藝文印書館，1985年，頁197～198。

〔註86〕此為李宛庭於其碩論中引述季旭昇之口考意見。見氏著：《清華大學藏戰國竹簡（肆）・筮法研究》，頁75。

但仍為不同字。楚簡的鞭多寫成![字]【《清華六‧管仲》09】，可知![字]較接近金文的寫法，清華簡其它篇章亦可見之，如![字]【《清華六‧子產》03】、![字]【《清華六‧子儀》15】，這些字在各自的篇章中也都不讀為更，因此從字形的層面來看，此當非更字。至於音韻方面，鞭為幫母元部，〔註87〕更為見母陽部，〔註88〕聲母較遠應無通假。而將![字]讀為「變」並義通為「更」的說法，則可備一說。

綜上所述，「支」之所指尚待更多材料印證。整理小組雖然將之與冠禮相連，在占辭及《筮法》持有者的身分層面上還說得過去，但在文字上缺乏有力的證據。倘若如大多數的學者所言讀為「變」，雖然《筮法》中亦有「果」、「志事」兩種籠統不專指一事的命辭，但就《筮法》的結構和占辭內容來看，「支」有可能也不讀為「變」。

2. 復

此字原簡皆作![字]，整理小組讀為「復」，在楚簡中多寫成「遝」，如![字]【《郭店‧性自命出》26】、![字]【《郭店‧語叢四》1】。或加口形作「遝」，如![字]【《曾侯乙墓》162】。有些學者認為此字構型與楚簡中常見的「遝」字不類，應是「退」字的訛寫。〔註89〕

不過，裘錫圭指出![字]字右上作![字]，與晉系文字相似。如侯馬盟書作![字]【《侯馬盟書》92：33】，行氣玉銘作![字]【《三代》20.49.1】，〔註90〕右上的寫法皆與![字]相似，可知此字亦受到三晉文字書寫風格的影響，應如原考釋所言讀為「復」。

〔註87〕郭錫良：《漢字古音手冊》，頁338。

〔註88〕郭錫良：《漢字古音手冊》，頁419。

〔註89〕如黃杰認為戰國楚簡中的「遝」字，常簡省「复」旁下部或中部，但還沒有看過簡省上方![字]或![字]形者，且「复」旁中部也多寫成「目」，少數訛為「日」，![字]顯然不符合這個特徵。黃杰認為此字與楚文字中「退」的形體較近，很有可能是「退」的訛寫或異體。加上文獻中「遂」、「退」常作為反義詞一同出現，故推測![字]為「退」字。黃杰：〈清華簡《筮法》補釋〉，頁19～20。子居：〈清華簡《筮法》解析（修訂稿上）〉，頁22。焦勝男：《清華簡《筮法》集釋》，頁16～17。

〔註90〕裘錫圭：〈戰國文字及其文化意義研究〉，收錄於復旦大學出土文獻與古文字研究中心編：《出土文獻與古文字研究（第六輯）》，上海：復旦大學出土文獻與古文字研究中心，2015年2月，頁224。

五、至【簡 9-13】

編　號	卦　畫	釋　　文	簡　序
1		至，四正之圭（卦）見，乃至。	9-10
2		亓（其）余（餘）㑥（易）向，乃亦至。堂（當）日，不㑥（易）向，䎽（聞）䎽（問）1 不至。	11-13

1. 䎽䎽

此兩字原簡作𣂃𣂃，整理小組讀為「昏䎽」。〔註91〕今從季旭昇之說，將這兩個字讀為「聞問」，這兩個字形都是楚簡中常見的「聞」字，同時也作為「問」使用。在此應讀為「聞問」，指打探消息、問候，「聞問不至」的意思應指「占筮的對象連消息也沒有」。〔註92〕

此外，李守奎認為《筮法》的部份文字有明顯的分化現象，其提到這兩個字在楚文字中本為異體字，但是在此卻明顯作為兩個不同的字使用，上下異寫可能是有意的區別。〔註93〕

六、娶妻【簡 14-17】

編　號	卦　畫	釋　　文	簡　序
1		凷（凡）取（娶）妻，參（三）女同男，吉。	14-15
2		凷（凡）取（娶）妻，參（三）男同女，凶。	16-17

〔註91〕李學勤主編：《清華大學藏戰國竹簡（肆）》，頁 87。
〔註92〕季旭昇：〈清華四芻議：聞問，凡是（征）〉，收錄於復旦大學出土文獻與古文字研究中心編：《出土文獻與古文字研究》，頁 283～284。
〔註93〕李守奎：〈清華簡《筮法》文字與文本特點略說〉，頁 61。

七、讎【簡 18-22】

編　號	卦　畫	釋　　文	簡　序
1		凸（凡）讎（售）1，參（三）男同女=（女，女）才（在）昏（臥）上，妻夫相見，讎（售）。	18-20
2		杲（表）2 肴（淆），讎（售）。彎（數）出，乃亦讎（售）。	21-22

1. 讎

　　此字原簡皆作，李守奎提到這種從雙「隹」構形的「讎」字，在楚簡中大多已表義化被戠、栽代替，如《清華六‧子儀》：「臣見二人（仇）競【18】」、《清華六‧子產》：「外（仇）否。【10】」。而《筮法》的這種寫法存於西周金文中，如【《集成》4466】，是較古老的寫法。〔註94〕關於「讎」指占問何事，學者們有不同的看法：

　　（1）讀為「售」、指「售賣」：

　　整理小組認為「讎」應指「售賣」，並舉《戰國策‧秦策五》：「棘津之讎不庸。」鮑彪注曰：「讎，售同。蓋嘗求售與人為庸，不見用也。」為例。〔註95〕

　　姚小鷗、高中華則舉《詩經‧邶風‧谷風》經傳為例，證「讎」為「售」之正字。《詩經‧邶風‧谷風》：「不我能慉，反以我為仇。既阻我得，賈用不售。」阮元《十三經校刊記》云：「售，小字本，相台本同。唐石經「售」字磨改。案錢大昕《唐石經考異》云：「蓋本作『讎』。」段玉裁云：「『讎』正字，『售』俗字。《史記》、《漢書》尚多用『讎』。」今考《釋文》：「售，救布反。」是《釋文》本作「售」，石經磨改所從也。」〔註96〕

〔註94〕李守奎：〈清華簡《筮法》文字與文本特點略說〉，頁 59。

〔註95〕李學勤主編：《清華大學藏戰國竹簡（肆）》，頁 89。《戰國策》原文請見【宋】鮑彪注：《戰國策》，臺北：商務印書館，1970 年，卷三頁 87。

〔註96〕姚小鷗、高中華：〈關於清華簡《筮法》「讎」命解說的若干問題〉，收錄於江林昌主編：《清華簡與儒家經典》，上海：上海古籍出版社，2017 年 10 月，頁 62～63。

　　李宛庭則從時代背景分析，認為戰國時期「官」、「商」的身分不再壁壘分明，「官吏經商」、「商人為官」的現象普遍存在，因此從《筮法》的內容來看，其服務對象具有一定權勢，「售」這個命辭反映戰國時期上位者有占問商業買賣的需求。〔註97〕

　　（2）讀為「仇」，指「仇怨」：

　　子居認為先秦文獻中大部份的「讎」字皆作「仇怨」，故認為此處的「讎」亦當如此讀。〔註98〕

　　（3）讀為「述」，指合作夥伴：

　　金宇祥在〈《清華肆・筮法》淺議〉中，提到季旭昇將「讎」讀為「述」，指合作夥伴。〔註99〕而在《清華大學藏戰國竹簡（肆）讀本》中，則提到季旭昇之所以不將「讎」讀為「售」，原因在於「古代敵視商業行為」。而「售」又可以釋為「成」、「男女匹配」及「仇敵」，前兩者與《筮法》的命辭重複，後者則不需筮問，故認為釋為「合作夥伴」較有可能。〔註100〕

　　（4）讀為「述」，指男女匹配：

　　侯乃峰認為此筮例的占辭中有「男女」、「妻夫」的字樣，故認為此處應是占問「男女匹配」。〔註101〕

　　蔡飛舟亦認為「售賣」、「匹配」、「仇怨」諸說之中，以「匹配」之說為佳。首先，「讎」有「匹配」義，如《爾雅・釋詁上》：「讎，匹也。」再加上〈讎〉節的位置在〈男女〉節左側，與之相連；且占辭中的「數出」在《筮法》中多有吉象。故蔡飛舟認為「讎」不應如子居所說指「仇怨」，而是應讀為「匹配」，指占問男女相配。〔註102〕

　　案：就此四種釋讀來看，首先如蔡飛舟所言，「數出」在《筮法》中多有吉象，可知將「讎」讀為「仇怨」不確。《筮法》見「數出」者除此處外有四見，分別在〈支〉、〈雨霽〉、〈行〉、〈果〉節。雖然〈雨霽〉占問的是會下雨或雨停，出現「數出」的占辭也僅僅是說「當日在上，數而出，乃霽」，指出現「當日在上」、「數而出」兩個卦象時會「雨停」，其間較無明顯的吉

〔註97〕李宛庭：《清華大學藏戰國竹簡（肆）・筮法研究》，頁81～82。
〔註98〕子居：〈清華簡《筮法》解析（修訂稿上）〉，頁23～24。
〔註99〕金宇祥：〈《清華肆・筮法》淺議〉，頁8。
〔註100〕季旭昇主編：《清華大學藏戰國竹簡（肆）讀本》，頁39。
〔註101〕侯乃峰：〈釋清華簡《筮法》的幾處文字與卦爻取象〉，頁20。
〔註102〕蔡飛舟：〈清華簡《筮法》補釋〉，頁13。

凶判定。但〈支〉、〈行〉兩節就有明顯的吉凶差異，兩節的占辭皆是占得「數而出」時「乃述」，指可以繼續進行。「數而入」時「乃復」，有停止返回的意思。〈果〉節亦言外事遇「數出」則果，因此將「讎」解讀成「仇怨」與「數出」普遍為吉的卦象判斷不合。

　　然而，將「讎」解為「述」指男女匹配似也不確，李宛庭從〈四位表〉「子姓之位」這組卦象認為《筮法》是一部以男性為視角的筮書，〔註103〕而《筮法》中也有從這個視角占問婚姻之事的〈娶妻〉一節，故推測「讎」也不應解為「男女匹配」。

　　季旭昇也因為這點，推測「讎」當不指男女匹配之事，而將「讎」通讀為「述」。事實上，「述」字確實有「合」的意思。如《玉篇》：「述，匹也，合也。」《漢書‧揚雄傳上》：「乃搜述索耦象、伊之途」顏師古注：「言選擇賢臣，可匹耦於古賢皋陶、伊尹之類，冠等倫而魁桀。」〔註104〕揚雄《太玄經》則有：「黃菌不誕，俟于慶雲。測曰，『黃菌不誕』、俟述耦也。」之語，司馬光注曰：「述，匹也。芝不生者俟慶雲，士不進者俟明君，君明臣賢，相匹偶也。」〔註105〕皆有合作之意，因此將「讎」讀為「述」解為「與人合作」於字義上可通，可備為一說。

　　只不過如姚小鷗、高中華所言，「讎」讀為「售」先秦兩漢中確有多篇文獻為證，如《新書》：「酤家不讎其酒。」〔註106〕《論衡‧恢國》：「好酒貫飲，酒舍負讎。」〔註107〕《逸周書‧小開》：「汝恭聞不命，貫粥不讎，謀，念之哉。」〔註108〕因此，筆者認為「讎」應如整理小組所言讀為「售」為佳，指占問商賈買賣之事。另外，季旭昇未針對「古代敵視商業行為」的觀點展開論述。但從時代背景來看，李宛庭已分析戰國晚期官商合一的現象普遍存在。而筆者從出土《日書》中也找到商業開市相關的日忌，如睡虎地《日書甲種‧諸良日》篇中有「市良日」：「市良日：戊寅、戊辰、戊申、戊戌，利初市，

〔註103〕李宛庭：《清華大學藏戰國竹簡（肆）‧筮法研究》，頁104。

〔註104〕【漢】班固撰，【唐】顏師古注：《漢書》，北京：中華書局，1962年6月，頁3531。

〔註105〕【漢】揚雄撰，【宋】司馬光集注，劉韶軍點校：《太玄集注》，北京：中華書局，1998年，頁39～40。

〔註106〕【漢】賈誼撰，閻振益、鍾夏校注：《新書校注》，北京：中華書局，2000年7月，頁248。

〔註107〕黃暉：《論衡校釋》，臺北：商務印書館，1983年12月，頁831。

〔註108〕黃懷信、張懋鎔、田旭東撰：《逸周書彙校集注》，頁220。

吉。【89 正貳】」〔註109〕另外,《日書甲種・置室門》篇有所謂的「貨門」:「貨門,所利賈市,入貨吉,十一歲更。【120 正參】」〔註110〕可知商賈買賣之事對先民而言亦相當重要,甚至變成術數活動的運用對象之一。就此來看,《筮法》有占問商品是否得售的命辭當屬合理。

2. 㼌

此字原簡作 ▨,整理小組認為此字即為郭店楚簡《緇衣》▨ 的下半部字形,該字於郭店簡從少聲讀為「表」,而在《筮法》應讀為「少」。〔註111〕關於此字,學者有兩種意見:

（1）如整理小組所說讀為「少」:

李宛庭認為此字與郭店楚簡 ▨ 下半部的字形相同,故原考釋將 ▨ 讀為少可從。此外,「肴」在《筮法》中即指四、五、八、九,不用另外通為「淆」字。而「少肴」指「此卦例出現了少數的肴。」即指右上卦的筮數八、九。〔註112〕

（2）讀為「表」:

侯乃峰將 ▨ 讀為「表」,肴則如字讀為「爻」。「表爻」似指左上卦的筮數九,由於筮數九位於此卦的最外部,故云「表爻」。〔註113〕

黃杰則認為讀 ▨ 為少並不符合楚簡的用字習慣,楚簡中表示「稍微」之義的「少」多直接以「少」表示。因此 ▨ 當如郭店楚簡的 ▨ 讀為「表」,訓為「外」,指外卦。表淆在此應指外卦的艮少男與離中女不能相對,卦象混淆。或是如賈連翔所說指左上離卦由三個不同的數字構成,好比〈崇〉節的乾崇有「肴(淆)乃父之不瑞=」一語,指乾卦由不同數字構成的情形。〔註114〕

案:若從《筮法》的簡文來看,《筮法》中的「少」字的確多見,如下:

〔註109〕睡虎地秦簡整理小組:《睡虎地秦墓竹簡》,北京:文物出版社,1990 年 9月,頁 194。
〔註110〕睡虎地秦簡整理小組:《睡虎地秦墓竹簡》,頁 199。
〔註111〕李學勤主編:《清華大學藏戰國竹簡(肆)》,頁 89。
〔註112〕李宛庭:《清華大學藏戰國竹簡(肆)・筮法研究》,頁 81。
〔註113〕侯乃峰:〈釋清華簡《筮法》的幾處文字與卦爻取象〉,頁 20。
〔註114〕賈連翔說出自氏著:《出土數字卦文獻輯釋》,頁 220。黃杰說出自:〈清華簡《筮法》補釋〉,頁 21～22。

〈小得〉	〈四季吉凶〉			〈爻象〉	〈果〉
⛰【24】 ⛰【26】	⛰【37】 ⛰【37】 ⛰【37】 ⛰【38】 ⛰【38】			⛰【61】	𠙻【41】

其中除了〈果〉節的「少」字加了「口」形之外，其餘「少」字皆作⛰。若𥝤是作為「少」字使用，那此處簡文應直接寫作「⛰」，可知整理小組將𥝤讀為「少」不確。如學者所述，由於郭店簡《緇衣》中有與此字非常相似的𤢖字讀為「表」，故𥝤很有可能也應讀為「表」。

而「表淆」意義應如賈連翔所說，指左上卦筮數混出，此筮例的右上、右下、左下卦皆由━、ᗆ構成，惟左上卦出現筮數九、八作▣。另外從〈祟〉節乾祟「屯（純）、五、寡（滅）宗。九乃山。肴（淆）乃父之不瓶＝（葬死）。」的簡文來看，此處的「肴」是相對於前面的純、五、九而言，指構成乾卦的爻象，可見這裡的「肴」不單單作為爻使用，而是如整理小組所說讀為「淆」，指五、九混出。以此對照，可知「肴」在此也應讀為「淆」，「表淆」即指此筮例左上卦九、八混出。

八、見【簡 1-6】

編　號	卦　畫	釋　文	簡　序
1		凣（凡）見，參（三）女同男＝（男，男）見。	1-2
2		凣（凡）見，參（三）男同女＝（女，女）見。	3-4
3		凣（凡）見大人，佋（昭）穆，見。	5-6

九、咎【簡 7-9】

編　號	卦　畫	釋　　文	簡　序
1		凢（凡）咎，見述日、妻夫、召（昭）穆、上毁，亡咎。	7-9

十、瘥【簡 10-11】

編　號	卦　畫	釋　　文	簡　序
1		凢（凡）瘥，見述日、上毁，瘥。	10-11

十一、雨霽【簡 12-18】

編　號	卦　畫	釋　　文	簡　序
1		凢（凡）雨，壆（當）日才（在）下，彗（數）而內（入），雨。壆（當）日才（在）上，彗（數）而出，乃齊（霽）1。	12-15
2		金木相見才（在）上，会（陰）。水火相見才（在）下，風。	16-18

1. 齊

　　此字原簡作 。整理小組有兩種釋讀，一是隸定為「宇」，讀為「旱」；二是認為此字為「齊」字省形，讀為「霽」。對於這兩種讀法，早期學者大多認為 與楚簡中常見的齊字不類，故多將此字讀為「旱」。如李宛庭、焦勝男皆持此論，如李宛庭所說：

　　考察「齊」字作 【《包山》2.7】、【《郭店・性自命出》63】、【《集成》4595】、【《齊幣》263】、【雙劍二十・石磬】，「齊」下兩橫筆中

間皆無豎畫，與所論字字形差異較大，當非「齊」字。〔註115〕焦勝男則說：

> 楚系簡帛中的「齊」形體有很多，如▢【《包山》2.7】、▢【《望山》1.1】▢【《郭店・六德》19】、▢【《信陽二》13】、▢【《上博一・性情論》29】，這些字雖然出現在不同的簡帛中，但是形體基本相同，似不太可能訛變為此處的▢。〔註116〕

只不過也有學者認為▢下方所從並非楚簡中的「干」字，進而懷疑整理小組將此字讀為「旱」不確。如李守奎就指出字▢下部與楚文字習見的「干」有別。〔註117〕

程薇的觀點與李守奎相同，認為此字下方所從並非干字。此外，「雨▢」明顯與《周禮・春官・宗伯》「大卜八命」中的「雨」同指一事，即占問「雨不雨」。程薇認為旱雖然可以解讀為「不雨」，但更多時候「旱」代表的是長久未下雨而造成的災害，與水（久雨之災）為對詞，似不可單純與「雨」相對。考之古代的卜筮活動，多出現「霽」這一命辭與「雨」對貞，其舉《尚書・洪範》：「七、稽疑，擇建立卜筮人，乃命卜筮。曰雨、曰霽、曰圛、曰雺、曰克、曰貞、曰悔。」與甲骨卜辭：「戊子卜，貞：今日雺？其雨？雺。（庫一六六五）」、《日書》：「雖雨，齊（霽）。（《睡虎地・日書甲種・稷辰》）」來證明其說。推論▢應讀為「霽」，「雨霽」指占問會不會下雨。

金宇祥則在上博七《凡物流形》中發現▢、▢兩字，以往學者有「竝」、「齊」兩種釋讀。其將▢、▢與▢進行對照，推測這些字都是「齊」字，為楚簡中常見「齊」字▢的省寫。▢可能是楚簡「齊」字簡省一個「个」形並將下方的橫筆上移而成，而▢則是再簡省一個「个」形的結果。〔註118〕

案：程薇、金宇祥之說為是，字形方面如金宇祥所言，▢應是「齊」字省形。並從程薇所舉甲骨、日書中大量的「雨」、「霽」對貞的文例，可知

〔註115〕李宛庭：《清華大學藏戰國竹簡（肆）・筮法研究》，頁86。

〔註116〕焦勝男：《清華簡《筮法》集釋》，頁25～26。

〔註117〕李守奎：〈清華簡《筮法》文字與文本特點略說〉，頁60。

〔註118〕金宇祥：〈談楚簡中特殊的「齊」字〉，發表於「第28屆中國古文字國際學術研討會」，臺北：臺灣大學中文系主辦，2017年5月，論文集頁99～114。

將 讀為「霁」較讀為「旱」合理，而「雨霁」也當如其所說，指占問會不會下雨。

十二、男女【簡 19-21】

編　號	卦　畫	釋　文	簡　序
1		凸（凡）男，上去弍（二），下去弍（一），中男乃男，女乃女。	19-21

十三、行【簡 22-23】

編　號	卦　畫	釋　文	簡　序
1		凸（凡）行，譻（數）出，述（遂）；譻（數）內（入），旯（復）。	22-23

十四、貞丈夫女子【簡 24-31】

編　號	卦　畫	釋　文	簡　序
1			
2		凸（凡）盲（貞）丈夫，月夕軋（乾）之卒（萃）1，乃屯（純）吉，亡害（春）頭（夏）絑（秋）各（冬）。	24-31
3			
4			

5				
6			凸（凡）卣（貞）女子，月朝臾（坤）2之卒（萃），乃吉，亡旾（春）頌（夏）珠（秋）各（冬）。	24-31
7				
8				

1. 卒

　　此字原簡作 ，即楚簡中的衣字。李守奎提到這種讀衣為卒的現象常見於西周金文中。楚簡中衣、卒分化，「衣」下加點或橫畫仍為「衣」字，衣上加「爪」才是「卒」字， 為讀衣為卒現象的留存，顯現《筮法》可能有古老的源頭。〔註119〕裘錫圭指出除了《筮法》之外，楚簡中偶爾還可見到一些讀衣為卒的案例，很有可能是該文獻具有他國底本之故。若從《筮法》有多處文字具有三晉風格的現象來看，《筮法》讀衣為卒大概也是受到三晉文字的影響，推測《筮法》的原始底本很有可能來自晉地。〔註120〕

　　筆者未從湯志彪的《三晉文字編》中找到「卒」字，因此不能確定晉地的「卒」字是否也寫成「衣」形。不過齊魯文字中的「卒」，確實寫成衣形，如「卒」字： 【陶錄】2.304.2、 【陶錄】2.672.4、 【新收】1043；「衣」字： 【集成】9733.1A、 【陶錄】3.503.6。因此裘錫圭說讀衣為卒的現象可能與他國底本有關的觀點可從。

〔註119〕李守奎：〈清華簡《筮法》文字與文本特點略說〉，頁59。
〔註120〕裘錫圭：〈戰國文字及其文化意義研究〉，頁223～224。

2. 臾

此字原簡作 ，在《筮法》中有七見，字形皆同：

〈貞丈夫女子〉	〈乾坤運轉〉		〈天干與卦〉	〈祟〉
![]【27】	![]【39】	![]【39】	![]【44】	![]【44】
	![]【40】	![]【40】		

從簡文來看，此字即是坤卦的卦名。據整理小組所言，此字形又見於《碧落碑》、《汗簡》之中。〔註121〕為何「坤」會寫成 ![] 形，程燕有很好的解釋：

> 整理者釋此字為「坤」，是非常正確的，但對字形未作分析。……在分析此字形體之前，我們先看一下楚文字中的「昆」及從「昆」之字：

昆	悃	輥	緄	緄
![] 郭.六28 ![] 郭.六29	![] 郭.尊16	![] 包山273	![] 包山268 ![] 信陽二07 ![] 信陽二013 ![] 信陽二018	![] 包山268

> 黃德寬、徐在國分析楚簡的昆字：「![] 字的構形，似乎可分析為從〔日〕從云聲。……古音『昆』為見紐文部，『云』屬匣紐文部，二字聲紐同屬喉音，韻部相同，故『昆』字可以『云』為聲符。」……我們認為清華簡中的「坤」字，應該分析為從「大」，「昆」聲。下面順便將整理者所涉傳鈔古文中的「昆」字形體列舉如下：

![] 碧落碑	![] 《汗簡》6.81	![] 四1.37 碧落碑	![] 海1.19

> 與簡文「坤」字形體相比較，不難發現，下部即「大」，上部所從 ，明顯是源於 ![] 形。……「昆」從「日」，「云」聲，上古音「昆」見紐文部；「坤」溪紐文部。〔註122〕兩字聲紐均屬見系，

〔註121〕李學勤主編：《清華大學藏戰國竹簡（肆）》，頁109。

〔註122〕程燕原文本作「上古音『坤』見紐文部；『昆』溪紐文部」，但郭錫良《漢字

韻部相同，所以，「坤」字可以「昆」為聲符。至於簡文「坤」字
形體何以從大？《說文》：「大，天大、地大、人亦大，故大象人形。」
天、地、人，在古代文化理念中合稱為「三才」。「三才」之道的偉
大學說最早見于《周易》。《周易‧繫辭下》：「有天道焉，有人道焉，
有地道焉，兼三才而兩之，故六。」《周易‧說卦傳》：「昔者聖人
之作《易》也。將以順性命之理，是以立天之道曰陰與陽，立地之
道曰柔與剛，立人之道曰仁與義，兼三才而兩之，故《易》六畫而
成卦，分陰分陽，迭用柔剛，故《易》六位而成章。」「三才」理
論，體現了中國傳統的有機統一的自然觀，代表了中國古代人民對
人與自然關係認識所達到的水平。這在老莊的作品也有相似的體
現：《道德經》第二十五章：「道大、天大、地大、王大。域中有四
大，而王處一。人法地、地法天、天法道，道法自然。」《莊子‧
達生》：「天地者，萬物之父母也。」可見，天、地皆在人之上。既
然「坤」是地，所以，簡文「坤」字形體從「大」是具有表意作用
的，這恰可體現易學思想中的「地大」概念。〔註123〕

李宛庭進而推測將「坤」寫作「奧」的構形，可能與晉系文字的寫法有關，其
舉出幾個晉系文字中的「坤」字如下：

縣盟書	璽彙 1263	璽彙 1914	璽彙 1792	璽彙 2574	玉存 31

其中《璽彙》1914 及 2574 兩個「坤」字都是上下構形，可見「奧」字的形
成，很有可能是「坤」字由左右構形轉變成上下構形之後，又將「立」訛寫
為「大」的結果。〔註124〕

　　侯建科亦引述黃錫全之說推測《筮法》中的「坤」字下部所謂的「大」形
或為「土」形之訛變。雖然目前還未見到「大」、「土」相訛的例證，但戰國文
字中「土」、「立」形體往往容易寫混，而「立」與「大」形體上似乎也只是下

古音手冊》，「昆」為見母字，「坤」為溪母字，且上所引黃德寬、徐在國之
說亦言「昆」為見母字，故推測程燕行文有誤，今就郭錫良《漢字古音手冊》
更正。

〔註123〕程燕：〈談清華簡《筮法》中的「坤」字〉，頁20、31。
〔註124〕李宛庭：《清華大學藏戰國竹簡（肆）‧筮法研究》，頁110～111。

部一橫有無的區別，故亦存在「大」、「土」相訛的可能性。〔註125〕

綜合兩位學者之說，可知部份「土」字刻寫於璽印上的時候，可能出於字形的美觀，而將之刻寫成「🔶」形，如🔶（塙【《璽彙》2976】）、🔶（塤【《璽彙》1532】），與「立」的字形相似，因此🔶諸字應是從土從申。又如侯建科所言，雖然「土」、「大」未見有互訛的案例，但「土」寫成「🔶」形與「大」的差別僅在下方的橫筆，的確有可能因為形近而訛。只不過，按照黃錫全的說法，🔶、🔶等字應是後起字，事實上在甲骨中也不見「坤」字，故李宛庭之說或可稍作修正。🔶並非由🔶、🔶這類「土」、「申」上下構形的「坤」字演化而來，而是「坤」是由《筮法》的🔶字訛變而來，而🔶、🔶則是🔶下方「大」訛為「介」的結果。

十五、小得【簡 24-31】

編　號	卦　畫	釋　　文	簡　序
1		旵（凡）少（小）尋（得），乃尋（得）之。	24-25
2		旵（凡）少（小）尋（得），乃尋（得）之。	26-27
3		參（三）同式（一），乃尋（得）之。	28-29

〔註125〕侯建科引黃錫全說：「古璽『坤』字作🔶、🔶（《璽文》卷一三，六（引者案：多用作人名）），疑此為🔶形訛省。古璽土旁每从🔶，如『坡』作🔶、『均』作🔶、『坨』作🔶等（《璽文》卷一三）。又《說文》『貴』字正篆作🔶，『從貝，臾聲。臾，古文蕢』。也許此🔶為形訛誤，誤人為介。坤屬溪母文部，貴屬見母物部，二字音近假借。」侯建科：《清華簡〈壹～陸〉異體字整理與研究》，重慶：西南大學碩士論文（2017），頁 121。

4		郢（邦）去政已，於公利貧 1。	30-31

1. 邦去政已，於公利貧（分）

此則占辭相當特別，其格式與同節前三則筮例不同，筮占結果也不像前面三例皆言「乃得之」，因此整理小組認為這可能是一則附抄於〈小得〉節的實占紀錄。其中，「邦去政已」應指此筮例的卦象，謂乾在坤下，震在巽下，顛倒不當猶如失政的邦國。從卦畫來看，這很有可能指陽卦在陰卦之下的現象，陽上陰下的概念在先秦即有之，如《管子‧形勢解》：「春者陽氣始上，故萬物生。夏者陽氣畢上，故萬物長。秋者陰氣始下，故萬物收。冬者陰氣畢下，故萬物藏。故春夏生長，秋冬收藏，四時之節也。」〔註126〕而此筮例的陽卦皆在下卦，陰卦皆在上卦，故推測整理小組所謂「顛倒不當」應是指陰陽而言。「於公利貧」則是筮占的結果，指利益分於公室，但稱公這點似乎與稱王的楚國不合。〔註127〕對此，學者們有許多不同的解讀。

李宛庭認為《筮法》是列舉式的筮書，所有的筮例皆是為了說明解卦原則而存在。若僅有該筮例是實占紀錄顯得相當突兀，因此這則筮例應也是作者列舉出來說明命辭的案例。而此例列在〈小得〉節之後，故其所占問的事項也應與「小得」有關。按照《筮法》的格式來看，「邦去政已」很有可能是卦象，只是這個卦象並不見於《筮法》其它章節中，可能如整理小組所言指卦象凌亂猶如失政的邦國。「於公利分」應是筮占結果，指若所求的小得事項屬於公眾的利益，那麼該利益就會被瓜分。〔註128〕

子居亦認為該筮例為占問「小得」，其中「邦」即「國」，「去」讀為「郤」，「邦去」即指「國政隙壞」。所以「邦去政已」當指「國政崩壞難以挽回」的局面。而「於公利貧」則是避禍的手段，體現了《左傳‧襄公二十二年》：「吾聞之，生於亂世，貴而能貧，民無求焉，可以後亡。敬共事君，與二三子。生在敬戒，不在富也。」的思想，由於相較於「得」所得要少，故曰「小得」。而「邦去政已」除了有「國政隙壞」的意涵外，還可能指卦象，其中乾與坤相

〔註126〕黎翔鳳：《管子校注》，頁85。
〔註127〕李學勤主編：《清華大學藏戰國竹簡（肆）》，頁101。
〔註128〕李宛庭：《清華大學藏戰國竹簡（肆）‧筮法研究》，頁94。

對、震與巽相對，具備「昭穆」卦象應有的基本條件，但其父母卦皆在右卦，子女卦皆在左卦，並不符合昭穆卦象父母、子女卦分居上下卦的卦象，因此「邦去政已」很有可能指卦象不符合「昭穆」。〔註129〕

侯乃峰亦認為整理小組說「公似乎與稱王的楚國不合」有臆測之嫌。《筮法》作為一部筮書，很有可能並非專為楚國而設。而「貧」應如字讀，「公利」則指公家（公室、邦家）的利益。因此「邦去政已，於公利貧」的意思應是「邦國失政動盪不安，導致公家的利益貧乏。」〔註130〕

從上述諸位學者的觀點來看，可知「邦去政已」有一派學者認為應指「卦象」，而另一派學者將之視為「筮占結果」。子居的觀點較為模糊，將「邦去政已」解讀成筮占結果的同時又將之與卦象產生連結。若從《筮法》的筮例格式來看，「邦去政已」應如整理小組所言，指卦象而非筮占結果。綜觀《筮法》前十七節的筮例，除了本節的例1、2之外，皆說明了其吉凶判斷的準則，〔註131〕大部份都遵循著「占辭—筮占結果」的格式。再者，《筮法》中也有其它筮占術語也是以比喻的方式呈現，如「昭穆」原本指「宗法上的兩個世代」，但在此指父母卦與六子卦分居上、下卦，猶如兩個世代。〔註132〕故「邦去政已」的確可能如整理小組所說，以邦國失政來形容卦象。

至於為何該卦象為「失政」，整理小組認為是陽卦在陰卦之下，其位不正之故。子居則認為該筮例中的四位出現兩個父母卦及兩個子女卦，但其分布未如「昭穆」以父母、子女分居上下，有失序之象。子居之說就先秦禮法的思想來看或可成立，如《禮記·仲尼燕居》云：

> 子曰：「禮者何也？即事之治也。君子有其事，必有其治。治國而無禮，譬猶瞽之無相與？倀倀其何之？譬如終夜有求於幽室之中，非燭何見？若無禮則手足無所錯，耳目無所加，進退揖讓無所制。是故，以之居處，長幼失其別；閨門，三族失其和；朝廷，官爵失其序；田獵，戎事失其策；軍旅，武功失其制；宮室，失其度；量鼎，失其象；味，失其時；樂，失其節；車，失其式；鬼神，失其饗；喪紀，失其哀；辯說，失其黨；官，失其體；政事，失其施；加於身而

〔註129〕子居：〈清華簡《筮法》解析（修訂稿上）〉，頁26。
〔註130〕侯乃峰：〈釋清華簡《筮法》的幾處文字與卦爻取象〉，頁20。
〔註131〕〈小得〉節例1、2未書寫判斷準則的問題，請參本文第三章第一節及第二節。
〔註132〕李學勤主編：《清華大學藏戰國竹簡（肆）》，頁91。

錯於前，凡眾之動，失其宜。如此，則無以祖洽於眾也。」〔註133〕

　　由此可知治家失禮則長幼失序，在此即為父母、六子卦位紛亂的卦象；治國失禮則政事不施，即簡文所說的「邦去政已」，其背後都有禮教不興的思想。就此來看，子居之說確有其道理。

　　此外，如果從卦象的組成來考慮「邦去政已」的卦象問題，假設「邦去政已」如整理小組所說指陽卦在陰卦之下失位，那麼《筮法》中也有四組筮例是陽卦在陰卦之下，分別是〈瘳〉、〈行〉及〈雨霽〉的兩則筮例：

編　號	卦　畫	卦　象	占　辭	簡　序
〈瘳〉1		巽兌 乾艮	凡瘳，見述日、上毀，瘳。	10-11
〈雨霽〉1		坤兌 坎艮	凡雨，當日在下，數而入，雨。當日在上，數而出，乃霽。	12-15
〈雨霽〉2		巽兌 坎艮	金木相見在上，陰。水火相見在下，風。	16-18
〈行〉1		坤兌 艮乾	凡行，數出，遂；數入，復。	22-23

這四則筮例皆是陽卦在陰卦之下，但占辭皆不見「邦去政已」。這有兩種可能，其一是「邦去政已」的上下卦象必須是對應的男女卦，「邦去政已」筮例中的右兩卦為母（坤）、父（乾），左兩卦分別為長女（巽）、長男（震），而上舉四則筮例上下卦的男女階級皆未完整對應。其二是根據命辭的不同，所依據的占斷原則可能也不同，如〈果〉節就說明了同樣是占問「果」，但會依據大事、中事、小事、內事、外事而有不同的判斷原則。又如〈死生〉和〈得〉有兩則卦象十分相似的筮例：

〔註133〕　【漢】鄭玄注，【唐】孔穎達等正義：《禮記正義》，頁853。

編　號	卦　畫	卦　象	占　辭	簡　序
〈死生〉8		乾艮 艮坤	筮疾者，一卦亢之，乃曰將死。	18-20
〈得〉7		坤兌 兌乾	作於陽，入於陰，亦得，其失十三。	13-15

在〈死生〉節關於「亢」釋讀中可以發現「一卦亢之」應指某一卦象分居右上、左下貫通首尾或遮蔽了左上、右下兩卦。〔註134〕就此來看，〈得〉7以兌卦分居右上、左下，也符合「一卦亢之」的卦象。然而，〈得〉7的占辭卻云：「作於陽，入於陰」而不言「一卦亢之」，疑此即是因所占的命辭不同，使判斷卦象的優先原則也有所不同。故命辭也有可能是前述四例陽下陰上筮例不言「邦去政已」的原因。

若假設「邦去政已」如子居所說，那麼《筮法》也有 5 則筮例不符合「昭穆」：

編　號	卦　畫	卦　象	占　辭	簡　序
〈死生〉1		巽乾 離乾	六虛，其病哭死。	1-2
〈得〉8		巽乾 兌坤	春見八，乃亦得。	16-17
〈㡿〉2		乾艮 兌坤	凡㡿，數而入，乃復。	7-8

〔註134〕「一卦亢之」的占辭在《筮法》中也僅此一見，不能確定其中的「一卦」是否需要特定卦才會成立。

〈至〉2		乾艮 坤巽	其餘，易向，乃亦至。當日，不易向，聞問不至。	11-13
〈行〉1		坤兌 艮乾	凡行，數而出，遂。數而入，復。	16-18

這 5 則筮例也都出現了兩個父母卦及兩個六子卦。其中〈死生〉例 1、〈得〉節例 8 與〈至〉節例 2 的父母、子女卦更與「邦去政已」相同，父母卦在同一側，六子卦在同一側。〔註135〕因此，這 5 則筮例實際上都符合子居所說的「未如『昭穆』卦象父母、子女分居上下」的卦象，但此處不言「邦去政已」也有可能是受到命辭的影響而選擇了不同的解卦原則所致。由於《筮法》全篇出現「邦去政已」的筮例僅此一例，簡文中沒有更多的材料可供參證，因此目前暫且保留兩說，以待後續新材料出土再行論證。

而後句「於公利貞」的「公利」，學者也多有歧見，整理小組認為有可能指「公室」，但疑此與稱王的楚國不和。然而，如上述關於「卒」字的考察所言，裘錫圭指出《筮法》有不少文字帶有三晉文字的風格，疑《筮法》的底本來自三晉地區。如此一來，稱「公」就未必有不合的問題。侯乃峰認為「公利」一詞應與楚國稱不稱王無關，因為「公利」在先秦典籍中習見，如《左傳‧昭公二十六年》：「士不濫，官不滔，大夫不收公利。」、《商君書‧壹言》：「上開公利而塞私門，以致民力，私勞不顯於國，私門不請於君。」、《韓非子‧八說》：「匹夫有私便，人主有公利。」〔註136〕侯乃峰認為「公利」一詞字面上指「公共的利益」，在先秦中則是指「公家（公室、邦家）的利益」。只不過從侯乃峰所舉這幾處的文獻的「公利」，就文意來看都應指公眾的利益而非公室的利益。筆者認為就《筮法》所透露的使用者身分來看，此處的「公」很有可能指「公族」，先秦「公族」泛指王室或各諸侯國的同族，如《禮記‧文王世子》：「庶子之正於公族者，教之以孝弟、睦友、子愛，明父子之義，長幼之序。」〔註137〕、《左傳‧文公七年》：「公族，公

〔註135〕需要注意的是，根據兩則出現「昭穆」的筮例，子女卦不必出現一男一女，推測父母卦可能也是如此。請見本文第三章第二節的相關論述。

〔註136〕侯乃峰：〈釋清華簡《筮法》的幾處文字與卦爻取象〉，頁 20。

〔註137〕【漢】鄭玄注，【唐】孔穎達等正義：《禮記正義》，頁 399。

室之枝葉也。」〔註138〕、《國語·楚語上》:「子木曰:『彼有公族甥、舅,若之何其遺之材也?』」〔註139〕、《史記·孫子吳起列傳》:「楚悼王素聞起賢,至則相楚。明法審令,捐不急之官,廢公族疏遠者,以撫養戰鬥之士。」〔註140〕從其中《國語》的引文可知楚國稱同族者亦為「公族」,因此筆者認為「公利」應指公族的利益。

至於「貧」字,原考釋、李宛庭都讀之為「分」,一說利分於公室,一說公利將被瓜分。〔註141〕侯乃峰則讀為貧,指貧乏,「利貧」猶言「獲利不足」。就此則筮例以國家失政來形容卦象來看,此則筮例的結果顯然不吉,讀為「分」、「貧」於文皆可通,前者指「公族的利益被瓜分」、後者指「公族的利益貧乏不足」,綜合命辭「小得」來看,兩者都可以指雖然獲取利益,但結果卻不如預期。

十六、征【簡 24-27】

編　號	卦　畫	釋　　文	簡　序
1		凸(凡)是(征)1,內戠(勝)外。	24-25
2		凸(凡)是(征),外戠(勝)內。	26-27

1. 征

《筮法》的「征」字皆作，整理小組隸定為「是」字,並根據簡文有

〔註138〕楊伯峻:《春秋左傳注》,高雄:復文書局,1991年9月,頁557。

〔註139〕【吳】韋昭注:《國語》,臺北:藝文印書館,1974年3月,頁385。

〔註140〕瀧川龜太郎:《史記會注考證》,臺北:大安出版社,2000年12月,頁847。

〔註141〕郭店簡《成之聞之》:「福而貧賤,則民欲其富之大也。」其「貧」字應讀為「分」字。廖名春認為:「福而貧賤即富而分賤,如《韓詩外傳·卷八》:「李克曰:『可,臣聞貴而下賤,則眾弗惡也。富而分貧,則窮士弗惡也。智而教愚,則童蒙者弗惡也。』貧、賤義近通用,分賤、分貧都是指分財與貧賤者。簡文說富裕而能分財於貧民,老百姓就希望他更為富裕。」廖名春:《新出楚簡試論》,臺北:臺灣古籍出版社,2001年,頁186~187。

勝負之語，推斷此節所占即為〈十七命〉中的「戰」。〔註142〕關於此字，學界皆讀之為「征」，並認同整理小組讀為「戰」的說法，「戰」、「征」皆指軍事行動，意義相同。然而在字形層面上，學者們卻產生了分歧，有兩說：

（1）為加「丁」聲的「正」字：

劉雲認為此字從字形來看明顯為「是」字，但戰國文字中的「是」並沒有「戰」的意思，故推測此字並非「是」字，而是加了「丁」聲的「正」字。其認為戰國文字中的「丁」字有時只寫出輪廓，並未填實，如 ▨【《集成》10361】。因此 ▨ 上方的部件應為勾廓的「丁」。而這種「正」字的寫法並未見於楚文字中，反而於齊系、晉系文字中得見。如 ▨（【《陶錄》3‧151‧2】齊系）、▨【《郭店‧唐虞之道》3】。根據馮勝君的研究，《唐虞之道》本身就帶有齊系文字的特點，因此劉雲認為「▨」應是受到齊系風格影響的「正」字。〔註143〕

（2）為「是」字，讀為「征」：

季旭昇認為此字雖乍看之下與「正」字相類，但楚簡的「正」字並未加上「丁」、「口」兩旁，且《筮法》另有「正」字作 ▨【〈至〉9】，而「是」字亦作 ▨【〈人身卦位圖〉46】，故此字的確為「是」字。另外，古文字中的「正」字本意即為「征」，本指向某個城邑前進，但早在甲骨中就作為「征伐」使用。「是」上古音為禪母支部，「正（征）」的上古音皆是章母耕部，聲母同屬舌頭音，韻為陰陽對轉，所以「是」與「正（征）」讀音相近。在字義上「正（征）」、「是」也有所關聯，如《說文》：「正，是也。」《詩經‧曹風‧鳲鳩》：「正是四國。」《毛傳》：「正，是也。」，故此處的「是」字應讀為「征」，指征戰。〔註144〕

案：季旭昇之說可從，如兩位學者皆注意到 ▨ 在《筮法》中即為「是」字。除了〈征〉節之外尚有六見，如下表：

〔註142〕李學勤主編：《清華大學藏戰國竹簡（肆）》，頁 102。

〔註143〕劉雲：〈釋清華簡《筮法》中的「正」字〉，復旦大學出土文獻與古文字研究中心網站，網址：http://www.fdgwz.org.cn/Web/Show/2220（2014 年 1 月 21 日）。

〔註144〕季旭昇：〈清華四芻議：閨問，凡是（征）〉，收錄於復旦大學出土文獻與古文字研究中心編：《出土文獻與古文字研究》，頁 283～284。

〈人身卦位圖〉				〈四季吉凶〉	〈十七命〉
![字]【46】、	![字]【46】、	![字]【57】、	![字]【57】	![字]【39】	![字]【63】

除了有兩個「是」字多了一筆橫畫之外，其餘「是」字皆與〈征〉節相同。且從季旭昇之說可知，如果將 ![字] 讀為「正」與《筮法》的用字習慣不合。雖然楚簡中亦有「丁」字只寫出輪廓而不填實者，如 ![字]《包山》143、![字]《包山》196、![字]《新蔡》甲2.22，但《筮法》中可見填實的「丁」字作「▼」，因此 ![字] 上方也應不為丁字。綜合來看，「![字]」應如季旭昇所言隸定為「是」，讀為「征」，指占問「征戰」之事。

十七、成【簡28-31】

編　號	卦　畫	釋　　文	簡　序
1	![卦畫]	叴（凡）成，同，乃成。	28-29
2	![卦畫]	不同，乃不成。	30-31

十八、志事【簡24-31】

　　叴（凡）箸（筮）志事，而見堂（當）日奴（如）堂（當）脣（辰），[註145] 乃曰迷（速），疾亦然。五日為坴（來），乃中异（期）。

十九、志事、軍旅【簡32-36】

編　號	卦　畫	釋　　文	簡　序
1	![卦畫]	叴（凡）箸（筮）志事，而見同圽（次）於四立（位）之中，乃曰爭之，虗（且）相亞（惡）也。如箸（筮）甸（軍）遊（旅），乃曰不禾（和），虗（且）不相用命。	32-36

〔註145〕「當日如當辰」學界多有辨析，請見本文第三章第四節的論述。

				〔註 146〕
2				

1. 宋

此字原簡作，亦見於〈四位表〉中，讀為「次」，寫作。此字在釋讀上較無疑義，但其寫法與楚文字中從「宋」之字有別，因此有學者認為此字或也是受到三晉文字影響的文字之一。如侯建科所言：

宋，殷墟甲骨文賓組卜辭作如【《合集》1358】、【《合集》10974】，在卜辭中一般用作名詞「位次」。西周金文如靜簋作（【《集成》4237】中期）、季姬尊作（【《新收》0364】中期），春秋金文如徐王宋又觶作（【《集成》6506】晚期），兩邊筆畫多是折角形……戰國楚文字中「宋」字並不多見，《芮良夫》凡 2 見，字形如上揭首例所見（【《清華三‧芮良夫》23】），兩邊筆畫多為一直撇一直捺，類似「八」形，其已與楚簡中「來」出現次數不多的字形「來」已幾乎同形。楚文字中從「宋」字亦如是，如「姊」，上博《內豊》附簡；又如「宋」，上博《周易》簡 53 作、《三德》簡 04 作等等，亦多為一直撇或捺，所舉上博字形在簡文均讀作「次」。

上面說了那麼多，我們再回頭看《筮法》「宋」字作如，凡 2 見，其寫法明顯與我們上面所說楚文字寫法不相合，而倒與上舉西周金文字形較為相類。戰國其它幾系文字中「宋」或從「宋」字作如（【《貨系 294》晉系）、（【《璽彙》1230】燕系）、（姊【《璽彙》0331】齊系）、（姊，秦系），字形風格等較為類似，其當是承傳西周金文字形而來。《筮法》簡字形寫法與戰國它系文字亦相類，所以我們認為此字應並非典型的楚系文字。正如我們前面提到

〔註 146〕第 34 簡為欄線，無卦畫。

裘錫圭、李守奎等先生所言，《筮法》此篇中的某些文字具有三晉一

系文字特點，雖然晉系文字「弔」字與其它三系文字寫法相同，但

是如果不誤的話，那麼「弔」字又是《筮法》篇具有三晉系文字風

格的一個例證。〔註147〕

侯建科之說應可從，從侯文的比較來看，《筮法》 字下半部的左右兩撇方
折化確實與西周金文的寫法較為類似。而鑒於《筮法》本身有多個文字受到
三晉文字風格的影響，推測 應也是受三晉文字影響所致。

二十、四位表【簡 32-36】

編號	簡　　文	
1	下匓（軍）之立（位）	上匓（軍）之立（位）
	弔（次）匓（軍）之立（位）	中匓（軍）之立（位）
2	臣姜之立（位）	子眚（姓）之立（位）
	妻之立（位）也	躬身之立（位）
3	臣之立（位）也	君之立（位）也
	大夫之立（位）	身之立（位）也
4	外之立（位）也	門之立（位）也
	宮廷之立（位）	室之立（位）也
簡序	35-36	32-33

二十一、四季吉凶【簡 37-39】

　　旾（春）：﨎（來）巽大吉，袋（勞）少（小）吉，艮羅大凶，兌少（小）
凶。

　　頪（夏）：袋（勞）大吉，﨎（來）巽少（小）吉，艮羅凶=（小凶），兌
大凶。

　　秌（秋）：兌大吉，艮羅少（小）吉，袋（勞）大凶，﨎（來）巽小凶。

　　各（冬）：艮羅大吉，兌小吉，﨎（來）巽大凶，袋（勞）小凶。

　　旮（凡）箮（筮）志事及匓（軍）遾（旅），乃蟎（惟）兇之所集於四立
（位）是視，乃以名亓（其）兇。

〔註147〕侯建科：《清華簡〈壹～陸〉異體字整理與研究》，頁 101～102。

二十二、乾坤運轉【簡 39-40】

　　凢（凡）䡸（乾），月=（月夕）吉；臾（坤），月朝吉。臾（坤）䀠（晦）之日逆䡸（乾）以長 1 巽；內（入）月五日豫（舍）巽，䡸（乾）臾（坤）長艮；旬，䡸（乾）、臾（坤）乃各𠬝（返）2 亓（其）所。

1. 長

　　整理小組認為此處的「長」應讀成同為端母陽部的「當」字，訓為「合」，「當巽」、「當艮」指乾、坤兩卦的吉凶合於巽／艮的吉凶來判定。〔註 148〕只不過《筮法》中六度出現「當」字；加上〈崇〉節亦三見「長」字，皆如字讀，因此整理小組將「長」讀為「當」似乎不符合《筮法》的用字習慣。

〈至〉	〈雨旱〉	〈志事〉	〈十七命〉
筮【12】	筮【12】	筮【26】	筮【63】
	筮【14】	筮【27】	

　　因此，侯乃峰認為此處的「長」應如字讀，可訓為「助長」，由於《筮法》多用「父母六子卦」，其中乾、坤被視為父母卦，其餘六子卦都是由乾、坤變化而來，因此「長巽」、「長艮」有助長巽、艮的意思。〔註 149〕

　　然而，從〈乾坤運轉〉的簡文來看，「長」是否訓為「助長」，指「助長艮、巽」還存有疑義。首先，此節的內容應是「乾」、「坤」兩卦的吉凶與運動規律，整理小組認為此處的乾、坤是在「四隅上移動」，〔註 150〕因為從卦位圖來看，乾、坤、艮、巽都是四隅卦。但李尚信對此提出了疑問：

> 所謂在「卦位四隅上移動」，指在卦位圖的四個角上移動。為什麼僅在四個角上運動呢？在四個角上運動，又怎麼能繞過四正的位置呢？而且，我們知道，卦象是反映現實世界的物象的，那麼乾坤僅在四隅上的運動代表了乾坤怎樣的現實運動呢？這些問題好像都不好解釋。〔註 151〕

〔註 148〕李學勤主編：《清華大學藏戰國竹簡（肆）》，頁 109。
〔註 149〕侯乃峰：〈釋清華簡《筮法》的幾處文字與卦爻取象〉，頁 20。
〔註 150〕李學勤主編：《清華大學藏戰國竹簡（肆）》，頁 109。
〔註 151〕李尚信：〈關於清華簡《筮法》的幾處困惑〉，發表於「《清華大學藏戰國竹簡》與儒家經典專題國際學術研討會」（濟南：山東省教育廳主辦，2014 年，

如李尚信所說，雖然簡文提到了「長巽」、「長艮」，代表了「乾」、「坤」兩卦會移動到「巽」、「艮」位置上，但目前其實還很難從簡文判斷乾、坤在移動的途中有沒有經過四正卦的位置。既然六子卦皆是乾坤所生，為何此處僅助長位於四隅的「巽」、「艮」兩卦呢？再者，簡文也未說明助長「巽」、「艮」兩卦的用意。因此，這裡的「長」字應如字讀，可訓為「進」，單純指乾、坤的移動，表現了陰陽消長的概念，並沒有「助長」的意思。如泰卦的《彖》辭曰：「君子道長，小人道消也。」〔註152〕否卦《彖》辭則言：「君子道消，小人道長也。」而《周易集解》引《九家易》謂「君子道長，小人道消也」為：「謂陽息而生，陰消而降也。」〔註153〕此外，《周易正義》孔穎達疏曰：「君子道長，小人道消者，更就人事之中釋小往大來，吉，亨也。」〔註154〕可知泰、否兩卦皆借用君子、小人的消長，來說明陰陽的消息變化。此外《繫辭上傳》：「天尊地卑，乾坤定矣。卑高以陳，貴賤位矣。動靜有常，剛柔定矣。方以類聚，物以群分，吉凶生矣。在天成象，在地成形，變化見矣。是故剛柔相摩，八卦相盪。鼓之以雷霆，潤之以風雨；日月運行，一寒一暑。乾道成男，坤道成女。」〔註155〕說明《周易》以乾、坤為本，乾坤作為純陽、純陰之卦，諸類物象乃至於吉凶休咎皆是由陰陽分合、變化而來，〈乾坤運轉〉似乎也隱含了這層觀念。從「父母六子卦」的運用、〈四季吉凶〉、〈祟〉等節的內容來看，《筮法》也將乾、坤視為陰、陽的代表，在〈乾坤運轉〉中藉由卦位圖說明乾坤有規律的運動消長。李尚信懷疑〈乾坤運轉〉可能是將乾、坤兩卦視為兩個共存的實體或神靈，透過這兩個實體的交會而產生月亮陰晴圓缺的變化。〔註156〕雖然從「坤晦之日」來看，乾、坤的運行確實與月象有關，其週期也很有可能是以一個月為完整的循環，但這個運行是否代表月象的圓缺，簡文並沒有特別說明。僅從本節「乾，月夕吉；坤，月朝吉」以及〈四季吉凶〉節缺少「乾」、「坤」兩卦來判斷此節的主旨應是藉由乾、坤在一個月內的某種消長變化來說明其吉凶。因此，此

12 月 6 日），頁 58～60。

〔註152〕【魏】王弼、韓康伯注、【唐】孔穎達等正義：《周易正義》，臺北：藝文印書館，1985 年，頁 41。

〔註153〕【唐】李鼎祚：《周易集解》，北京：九州出版社，2003 年 2 月，頁 206。

〔註154〕【魏】王弼、韓康伯注、【唐】孔穎達等正義：《周易正義》，頁 41～42。

〔註155〕【魏】王弼、韓康伯注、【唐】孔穎達等正義：《周易正義》，頁 143～144。

〔註156〕李尚信：〈關於清華簡《筮法》的幾處困惑〉，頁 60。

處的「長」應訓為「進」，指乾、坤的運行與消長，「長巽」指運行至巽，「長艮」指運行至艮。

2. 彶

此字原簡作「」，相較於楚文字中常見的「返」字，如【《郭店‧老子甲種》37】，可以發現「」省略了「止」形。李守奎指出這種省略「止」形的「返」字寫法又可見於三晉文字，如【中山圓壺】。〔註157〕可知「」也是《筮法》中受到三晉系文字影響的簡文之一。

二十三、果【簡40-42】

凸（凡）果，大事戠（歲）才（在）爿（前），果；中事月才（在）爿（前），果；省（小）事日才（在）爿（前），果；亓（其）余（餘）召（昭）穆，果。奴（如）刲（卦）奴（如）肴（爻），卡=（上下）同狀（狀），果。外事嬰（數）而出，乃果；內事嬰（數）而內（入），亦果。

1. 大事、中事、小事、外事、內事

從果節列出這些事類可知「果」並不專指特定事項，而是包含了多種事類。《筮法》內未說明大事、中事、小事、外事、內事的具體所指，整理小組也未多作說明，學者亦多略而不論，唯有李宛庭與曹振岳兩位學者試圖探討這些事類的所指。如曹振岳根據簡文將《筮法》若干命辭分為大事、中事、小事：

> 大事：戰、志事、志事軍旅、雨霽、娶妻、死生。
> 中事：貞丈夫女子、得、行、成、咎。
> 小事：享、小得、至。〔註158〕

然而，曹振岳並未詳細說明分類依據，僅提到〈果〉節說明了《筮法》解卦前必須區分事類，主要以「大事年優先，中事月優先，小事日優先的方法來進行判斷」。並以〈死生〉為例，謂此節為「借助（一年）四季的陰陽變化來推斷同一個卦象在不同時節的不同含義。」〔註159〕只不過，上述的命辭中，有些占辭並沒有提到年、月、日，如「行」僅一則筮例，占辭為「凡行，數出，

〔註157〕李守奎：〈清華簡《筮法》文字與文本特點略說〉，頁59。
〔註158〕曹振岳：《清華簡《筮法》研究》，頁27。
〔註159〕曹振岳：《清華簡《筮法》研究》，頁27。

遂；數入，復。」，曹振岳將之歸類為中事，但其中未見與「月」相關的解卦原則。除此之外，「雨霽」、「至」都出現「當日」之象，但前者被歸類為大事，後者被歸類為小事，因此曹振岳的分類有待商榷。

而李宛庭則從傳世文獻考證，認為大事應指祭祀、征伐等興師動眾之事；小事指飲食衣服、不待眾力之事；中事可能指「宮中之事」；外事、內事可能與《禮記》所言相同，外事指祭外神、田獵出兵等事；內事指祭內神、冠、婚、喪等事。並指出《筮法》雖然未明確說明其事為何，但這些事類不應只是單純的對應之辭，應有具體所指。〔註160〕

從傳世文獻來看，大事、小事、外事、內事的意義大致上與李宛庭所論相同。大事多指征伐、祭祀、田獵、巡狩或喪葬之事。如《左傳·成公十三年》：「國之大事，在祀與戎。」〔註161〕《周禮·秋官·司寇》：「凡國之大事，比修除道路者。」賈公彥疏：「『大事』，謂若征伐、巡守、田獵、郊祀天地。」〔註162〕此外，又如《周禮·秋官·司寇》：「凡邦之大事共墳燭庭燎。」賈公彥疏曰：「『大事』者，謂若大喪紀、大賓客，則皆設大燭在門外，庭燎在大寢之庭。」〔註163〕而《周禮》中亦提到不少職官遇到「國之大事」時有負責「蹕」（出行時的交通管制）、「聚眾庶」（聚集群眾行其職責）的職能，可見「大事為興役動眾之事」的說法可從。

另外，《周禮·春官·宗伯》有「大卜八命」及「筮人九筮」，賈公彥認為《周禮》以大事卜，小事筮，區分「八命」為大事，「九筮」為小事：《周禮·春官·宗伯》：「以邦作龜之八命，一曰征、二曰象、三曰與、四曰謀、五曰果、六曰至、七曰雨、八曰瘳。」賈公彥疏曰：「謂此八者皆大事，除此八者即小事，入於九筮也。若然，大事卜，小事筮，此既大事而兼言筮者，凡大事皆先筮而後卜，故兼言著也。」〔註164〕八命中除去討論對象「果」之外，「征」在先秦典籍中多見，而至、雨、瘳皆可見於《筮法》之中，只不過

〔註160〕 李宛庭：《清華大學藏戰國竹簡（肆）·筮法研究》，頁113～114。

〔註161〕 楊伯峻：《春秋左傳注》，頁861。

〔註162〕 【漢】鄭玄注，【唐】賈公彥疏：《周禮注疏》，頁548。

〔註163〕 大賓客，指諸侯來朝之事，如《周禮·秋官·司寇》：「大行人掌大賓之禮及大客之儀，以親諸侯。」鄭玄注曰：「大賓，要服以內諸侯。大客，謂其孤卿。」正文「大事」引文請見【漢】鄭玄注，【唐】賈公彥疏：《周禮注疏》，頁550，引註「大賓客」請見頁560。

〔註164〕 【漢】鄭玄注，【唐】賈公彥疏：《周禮注疏》，頁371。

《筮法》未言明這三個命辭是否屬於〈果〉節中的「大事」。

小事在先秦典籍中多相對於大事而言，指較微小的事。在《周禮》中則又指「小祭祀」，如《周禮·春官·宗伯》：「凡國之小事用樂者，令奏鍾鼓。」鄭玄注曰：「小事，小祭祀之事。」〔註165〕《周禮·春官·宗伯》：「小事，涖卜。」賈公彥疏曰：「此謂就大事中差小者，非謂筮人之小事也。」〔註166〕季旭昇則引孫詒讓《周禮注疏》認為此處的祭祀應與前述「國之小事用樂者」的「小事」意義相同，指「小祭祀」，雖然祭祀與其它事相較為大事，但祭祀中亦有分大小。〔註167〕

除此之外，上述所說與「八命」相對的「九筮」命辭也是小事，「九筮」的具體所指同見於《周禮·春官·宗伯》：「九筮之名，一曰巫更，二曰巫咸，三曰巫式，四曰巫目，五曰巫易，六曰巫比，七曰巫祠，八曰巫參，九曰巫環，以辨吉凶。」鄭玄注曰：「此九巫讀皆當為筮，字之誤也。更，謂筮遷都邑也。咸猶僉也，謂筮眾心歡不也。式，謂筮制作法式也。目，謂事眾筮其要所當也。易，謂民眾不說，筮所改易也。比，謂筮與民和比也。祠，謂筮牲與日也。參，謂筮御與右也。環，謂筮可致師不也。」〔註168〕若與《筮法》的命辭勘對，巫祠「筮牲與日」明顯與祭享有關，而巫參、巫環就鄭注來看，應與「征戰之事」有關。其中巫參「謂筮御與右也」與〈志事、軍旅〉：「凡筮志事，而見同次於四位之中，乃曰爭之，且相惡也。如筮軍旅，乃曰不合，且不相用命。」有相合之處，皆與征伐的人事有關。

中事在先秦典籍中罕見，如李宛庭所說，僅在《史記》中指「宮中之事」，〔註169〕但考之《史記》前後文，此「宮中之事」應指內政之事，《史記·秦

〔註165〕 【漢】鄭玄注，【唐】賈公彥疏：《周禮注疏》，頁351。
〔註166〕 【漢】鄭玄注，【唐】賈公彥疏：《周禮注疏》，頁373。
〔註167〕 孫詒讓《周禮注疏》：「此蒙上大祭祀而云小事，疑當指小祭祀言。《樂師》云：『凡國之小事用樂者，令奏鍾鼓。』注云：『小事，小祭祀之事。』此義或與彼同。」季旭昇：〈從《筮法》與《周禮》談筮占「三十三命」〉，收錄於江林昌主編：《清華簡與儒家經典》，頁52。
〔註168〕 【漢】鄭玄注，【唐】賈公彥疏：《周禮注疏》，頁376。
〔註169〕 李宛庭提到「中事」在先秦兩漢的典籍中有三種意義，其一為一段時間中重要的事，如《穀梁傳·僖公五年》：「無中事而復舉諸侯，何也？」楊士勛疏：「無中事者，謂中間無他事也。」其二是指正確的事，如《荀子·儒效》：「凡事行，有益於治者，立之；無益於理者，廢之。夫是之謂中事。」其三則指宮廷之事，如《史記·秦始皇本紀》：「今在上位，管中事。」另《韓非子》中亦見兩處「中事」，但皆讀為去聲，指「合宜」。李宛庭說請參氏著：

始皇本紀》先云：「二世皇帝元年，年二十一。趙高為郎中令，任用事。」
《集解》：「郎中令，秦官，掌宮殿門戶。」〔註170〕《史記》後云：「於是二
世乃遵用趙高，申法令。乃陰與趙高謀曰：『大臣不服，官吏尚彊，及諸公
子必與我爭，為之柰何？』高曰：『臣固願言而未敢也。先帝之大臣，皆天
下累世名貴人也，積功勞世以相傳久矣。今高素小賤，陛下幸稱舉，令在上
位，管中事。大臣鞅鞅，特以貌從臣，其心實不服。』」〔註171〕從郎中令的
職掌，及「掌中事」的前後文來看，此「宮中之事」應指部份內政之事，意
義與先秦文獻中的「內事」略同。而《筮法》中與此宮中之事較為相關者，
惟「見」屬於郎中令屬官的職掌，除此之外也很難依此定《筮法》的中事所
指為何。

外事則多與內事相對，分別指外交及內政，如《韓非子‧外儲說右下》：
「內事屬鮑叔，外事屬管仲。」〔註172〕其中「外事」也包含了「征戰」之事，
如《商君書‧外內》：「民之外事，莫難於戰，故輕法不可以備之。」〔註173〕

《清華大學藏戰國竹簡（肆）‧筮法研究》，頁113。《韓非子》原文請參【清】
王先謙撰：《韓非子集解》，頁264、362。

〔註170〕關於郎中令的職掌，《漢書》有更詳細的描述，《漢書‧百官公卿表》：「郎
中令，秦官，掌宮殿掖門戶，有丞。武帝太初元年更名光祿勳。屬官有大
夫謁者，皆秦官。又期門、羽林皆屬焉。大夫掌論議，有太中大夫、中大
夫、諫大夫，皆無員，多至數十人。武帝元狩五年初置諫大夫，秩比八百
石，太初元年更名中大夫為光祿大夫，秩比二千石，太中大夫秩比千石如
故。郎掌守門戶，出充車騎，有議郎、中郎、侍郎、郎中，皆無員，多至
千人。議郎、中郎秩比六百石，侍郎比四百石，郎中比三百石。中郎有五
官、左、右三將，秩皆比二千石。郎中有車、戶、騎三將，秩皆比千石。
謁者掌賓讚受事，員七十人，秩比六百石，有僕射，秩比千石。期門掌執
兵送從，武帝建元三年初置，比郎，無員，多至千人，有僕射，秩比千石。
平帝元始元年更名虎賁郎，置中郎將，秩比二千石。羽林掌送從，次期門，
武帝太初元年初置，名曰建章營騎，後更名羽林騎。又取從軍死事之子孫
養羽林，官教以五兵，號曰羽林孤兒。羽林有令丞。宣帝令中郎將、騎都
尉監羽林，秩比二千石。僕射，秦官，自侍中、尚書、博士、郎皆有。古
者重武官，有主射以督課之，軍屯吏、騶、宰、永巷宮人皆有，取其領事
之號。」可知郎中令的職掌，大致上包含宮廷戍衛、君王護衛、接待朝臣
等等，具有政治實權。《史記》原文引自瀧川龜太郎：《史記會注考證》，頁
122。《漢書》原文引自【漢】班固撰，【唐】顏師古注：《漢書》，頁727~
728。

〔註171〕瀧川龜太郎：《史記會注考證》，頁122。
〔註172〕【清】王先謙撰：《韓非子集解》，頁338~339。
〔註173〕蔣禮鴻：《商君書錐指》，北京，中華書局，1986年4月，頁127。

而內事除了指內政之外，還指六宮事，如《周禮・春官・宗伯》：「凡內事有達於外官者，世婦掌之。」賈公彥疏曰：「王后六宮之內有徵索之事，須通達於外官者，世婦宮卿主通之，使相共給付授之也。」〔註174〕另外，內、外事也指祭祀中的宗廟祭祀與郊祭，如《禮記・曲禮下》：「踐阼臨祭祀：內事曰孝王某，外事曰嗣王某。」孔穎達疏曰：「內事，宗廟，是事親。……外事，郊社也。」〔註175〕《禮記・表記》還有一處同時提到大事、小事、外事、內事又與卜筮相關者：「子言之：『昔三代明王，皆事天地之神明，無非卜筮之用，不敢以其私褻事上帝。是故不犯日月，不違卜筮，卜、筮不相襲也。大事有時日，小事無時日，有筮。外事用剛日，內事用柔日。不違龜筮。』子曰：『牲牷禮樂齊盛，是以無害乎鬼神，無怨乎百姓。』」〔註176〕對此，鄭玄注曰：「大事則卜，小事則筮。」孔穎達疏曰：「此大事，謂征伐出師及巡守也。……《周禮》小事非唯小祀而已。既云小事用筮，而《大卜》云「凡小事蒞卜」者，彼謂大事中之小事，非此之小事也。」〔註177〕雖然從前述已可知孔穎達所引「小事，蒞卜」中的「小事」應指「小祭祀」，但〈大卜〉中的「小事」仍屬於龜卜的占問的事項之一，而此處直言「小事」用筮，可知此處的「小事」與〈大卜〉小事有別，故此處的大、小事當從孔穎達之說。

　　關於「外事用剛日，內事用柔日」的「內」、「外」事，鄭玄注曰：「事之外內，別乎四郊。」孔穎達疏曰：「先師以為祭天而用辛，雖外用柔日，祭社用甲。雖內用剛日，殊別於四郊之祭。言用剛柔之日，不可與四郊同。其餘他事，今謂『事之外內，別乎四郊』者，謂四郊之外為外事，若『甲午禡兵，吉日庚午，既差我馬』之屬是也。四郊之內為內事，若郊之用辛，及宗廟少牢用丁亥之屬是也，故言『別於四郊』。外內別用，限別以四郊為限。」〔註178〕可知此處的內、外事仍與祭祀有關。根據上述的論證，先秦大事、中事、小事、內事、外事的意義可整理如下表：

〔註174〕【漢】鄭玄注，【唐】賈公彥疏：《周禮注疏》，頁330。

〔註175〕【漢】鄭玄注，【唐】孔穎達等正義：《禮記正義》，頁79。

〔註176〕【漢】鄭玄注，【唐】孔穎達等正義：《禮記正義》，頁920。

〔註177〕【漢】鄭玄注，【唐】孔穎達等正義：《禮記正義》，頁921。

〔註178〕【漢】鄭玄注，【唐】孔穎達等正義：《禮記正義》，頁921。

【表2-1】《筮法》事類整理表

事　　類	傳世文獻中的意義	《筮法》相關的命辭
大事	征伐、祭祀、田獵、巡狩或喪葬之事。 又或者指「大卜八命」中「征、象、與、謀、果、至、雨、瘳」八種命辭以及立君、大封、大祭祀、小事（小祭祀）、大遷、大師、旅（旅祭）、喪事。	征、至、雨霽、瘳、死生（病重之占）、享
小事	九筮、相對於大事較小者（指涉範圍較廣）、小祭祀	志事軍旅、享
中事	宮殿內政之事（指涉範圍較廣）	見
外事	外交之事或郊祭（四郊之外）	征、成、享
內事	內政之事或祭祀（四郊之內）	享

　　由於《筮法》本身未言明「大、中、小、內、外」所指為何，因此難知其具體的事類為何。不過，從上述的論證中，仍可得到幾點線索。首先，從上表可知大事、小事、外事、內事在傳世文獻中皆與「祭祀」有關，可知祭祀分有大小。而《筮法》中與祭祀相關的命辭僅有「享」，從簡文中卻看不到其祭祀區分，或可推測《筮法》享這個命辭可能是一個較為籠統的命辭，其筮占內容適用於所有類型的祭祀，而享本身還可細分成各類祭祀，根據其祭祀大小適用《果》節的筮占規則。另外，從〈征〉、〈志事軍旅〉、〈四季吉凶〉中與「征戰」相關的筮占原則來看，〈征〉節主要占問發動軍事行動可否得勝，〈志事、軍旅〉則占問將士是否和睦，〈四季吉凶〉則提到軍隊編成的吉凶，亦可推測《筮法》的命辭在實際筮占中可能還包含了各種細項。

　　此外，沈建華以甲骨卜辭的角度，提到李學勤曾根據卜辭的內容性質增加了「果辭」，將「王占曰」直接讀成「王果曰」，其舉：

　　　癸丑卜爭貞，自今至於丁巳，我弗其戈邕。（命辭）

　　　一、二、三、四、五。（兆辭）

　　　王果曰：「丁巳我毋其戈，于來甲子戈。」（果辭）

　　　旬又一日癸亥，車弗戈，之夕望；甲子允戈。（驗辭）【《合集》6834正】

並提到裘錫圭注意到一個長期被誤釋的字，相當於果辭，讀作「孚」，含有實現的意思。其舉：

　　　辛丑卜：翌日壬不雨。吉。

其雨。孚。雨小。【《屯南》2713】

戊申：其雨。孚。己酉雨。【《合集》22384】〔註179〕

此處的「果」雖非命辭，但其含意與鄭玄注大卜八命中的果所言相似，謂「事與成不」，指命辭所占之事可否達成，說明果並非特定事類，也可作為「果」可能包含多種事類的旁證。綜上所述，〈果〉節此處的「大事、中事、小事、內事、外事」疑指十七命或其底下更加細緻的筮占主事。另外從〈果〉節簡文先云「大事、中事、小事、其餘（諸事）」，後說「外事、內事」的行文順序來看，外事、內事與大事、中事、小事可能有重疊之處。

二十四、卦位人身圖【簡42-60】

【圖2-3】卦位人身圖

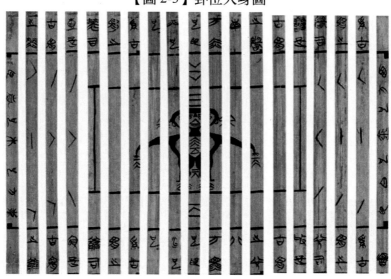

釋文位置	釋　　文	簡　序
卦圖右上	系（奚）古（故）胃（謂）之礜（震）？司雷，是古（故）胃（謂）之礜（震）。	43-48
卦圖左上	系（奚）古（故）胃（謂）之裞（勞）？司查（樹）1，是古（故）胃（謂）之裞（勞）。	54-59
卦圖右下	系（奚）古（故）胃（謂）之兌？司收，是古（故）胃（謂）之兌。	43-48

〔註179〕沈建華：〈清華簡《筮法》果占與商代占卜淵源〉，收錄於江林昌主編：《清華簡與儒家經典》，上海：上海古籍出版社，2017年10月，頁24～25。

卦圖左下	系（奚）古（故）胃（謂）之羅？司殯（藏），是古（故）胃（謂）之羅。	54-59
卦圖左側	東方也，木也，青色。	60
卦圖上方	南方也，火也，赤色也。	49-53
卦圖右側	西方也，金也，白色。	42
卦圖下方	北方也，水也，黑色也。	49-53

1. 壴

即樹字，〈卦位圖〉的主要內容為四正卦與四季、方位、五行、顏色的對應，其旨趣類於《說卦傳》第五章。而《筮法》的「卦位圖」除了坎、離兩卦倒反之外，其餘六卦的對應皆與《說卦傳》相同。〔註 180〕簡文中「司樹」、「司雷」、「司收」、「司藏」提示了四正卦所對應的季節，正如整理小組所言，與常見的「春生、夏長、秋收、冬藏」含意相似。〔註 181〕其中，「司收」、「司藏」對應「秋」、「冬」當無疑義，而「司雷」也很好理解，如《禮記·月令》所載：「仲春之月……是月也，日夜分。雷乃發聲，始電，蟄蟲咸動，啟戶始出。」〔註 182〕孔穎達疏曰：「『雷乃發聲』者，雷是陽氣之聲，將上與陰相沖。蔡邕云：『季冬雷在地下，則雉應而雊。孟春動於地之上，則蟄蟲應而振出。』至此升而動於天之下，其聲發揚也。以雷出有漸，故言『乃』。……『蟄蟲咸動，啟戶始出』者，戶謂穴也，謂發所蟄之穴。蟄蟲早者，孟春乃出，則《左傳》『啟蟄而郊』是也。蟄蟲晚者，則二月始出，故此云『蟄蟲咸動』，則正月未皆動，重記時候者。庾蔚云：『謂蓋先記時候，以明應節。後言時候，以應二分二至。』所應不同，故重記之也。」〔註 183〕此處所言「蟄蟲咸動」即是今二十四節氣中的「驚蟄」。因此，簡文言「司雷」，符合春天雷聲震動，萬物開始復甦活動，生機勃發的情狀。剩下的「司樹」對應的即是「夏長」，但學者們對「樹」的意義卻有諸多不同的解釋：

（1）應解為「生產」、「生植」：

廖名春認為《筮法》稱坎卦為勞卦，稱離卦為羅卦，並以雷、樹、收、藏訓震、勞、兌、羅。如「羅」的本義是捕捉鳥獸的網子，並由羅的包羅、網羅義引伸出收藏義。至於「勞」則因「樹」有生產義，故將☵稱為「勞」，指勞

〔註180〕坎離倒反的相關論述，請見本文第三章第二節。
〔註181〕李學勤主編：《清華大學藏戰國竹簡（肆）》，頁112。
〔註182〕【漢】鄭玄注，【唐】孔穎達等正義：《禮記正義》，頁300。
〔註183〕【漢】鄭玄注，【唐】孔穎達等正義：《禮記正義》，頁300。

動、勞作。〔註184〕

子居則認為「司樹」可能指種植黍菽，黍菽是先秦的主食，且黍、菽的種植季節在夏季。如《孟子‧滕文公上》：「樹藝五穀，五穀熟而人民育。」趙岐注：「五穀謂稻、黍、稷、麥、菽也。」《淮南子‧主術訓》：「大火中，則種黍菽。」《說苑‧辨物》：「主夏者大火，昏而中，可以種黍菽。」推測種黍菽的季節活動與殷商時期的農作習慣相合，故將「樹」訓為「種植」。〔註185〕

（2）應讀為「鼓」：

蔡運章認為「樹」與「勞」的意義相去甚遠，推測壴可能不訓為樹。其認為「壴」為「壴」字，而「壴」為「鼓」的本字，鼓是南方民族的樂器，故可代表南方。《管子‧兵法》：「鼓所以任也。」《禮記‧名堂位》：「任，南蠻之樂也。」又如《禮記‧文王世子》：「胥鼓南」，意即由大胥擊鼓以教導南樂。鼓與坎、勞的意義皆相通，在《說卦傳》中已可看到將坎卦稱為勞卦：「坎者，勞卦也。」而勞、鼓皆有「動」的意涵。如《國語‧越語下》：「勞而不矜其功。」韋昭注：「勞，動而不已也。」惠棟解《說卦傳》：「坎，勞卦也」云：「勞，動也。」《經典釋文》：「鼓，動也。」因此「鼓」可訓「勞」、「坎」，皆有動的意思。〔註186〕

案：首先，〈爻象〉節中有鼓字作 ，而此處的樹字作 ，字形有別，推測「壴」當不為「壴」。再者，雖然鼓與坎、勞的字義可以用「動」連接起來，但震卦也有「動」的意涵。如《說卦傳》第六章云：「動萬物者莫疾乎雷。」〔註187〕而第七章又云：「震，動也。」〔註188〕比起勞、坎，動似乎與震卦更為相近，故蔡運章以「動」連接勞與壴的觀點不確。

筆者認為「樹」應如子居所言，當有培養之意，只是不用刻意將「樹」與種植黍菽相連。如《管子‧權修》云：「一年之計，莫如樹穀；十年之計，莫如樹木；終身之計，莫如樹人。一樹一獲者，穀也。一樹十獲者，木也。一樹百獲者，人也。」〔註189〕此處的「樹」除了種植之外，尚包含了「培養」的概念。

〔註184〕廖名春：〈清華簡《筮法》與《說卦傳》〉，頁72。
〔註185〕子居：〈清華簡《筮法》解析（修訂稿下）〉，頁63。
〔註186〕蔡運章：〈清華簡〈卦位圖〉哲學思想考辨〉，頁138。
〔註187〕【魏】王弼、韓康伯注，【唐】孔穎達等正義：《周易正義》，頁184。
〔註188〕【魏】王弼、韓康伯注，【唐】孔穎達等正義：《周易正義》，頁184。
〔註189〕黎翔鳳：《管子校注》，頁55。

而《管子‧四時》又曰「夏養長。」〔註190〕可推測「司樹」應指夏季培養作物。而勞與樹的關係，從上述所引的《管子‧權修》可知其有「必先樹而後有獲」的邏輯，且《論語‧雍也》言：「仁者先難而後獲，可謂仁矣。」《論語注疏》引何晏注曰：「孔曰先勞苦而後得功。」〔註191〕可知先秦即有「先勞而後獲」的觀念。《筮法》以兌司收，而勞在兌之前司樹，可推測「樹」當指培育作物，「勞」則指收穫前培育作物的辛勞，故「勞」應如廖名春所言解為勞動、勞作。

二十五、天干與卦【簡43-50】

卦名、卦畫	天　干	簡　序
𦎧（乾）	甲壬	43
臾（坤）	乙癸	44
艮	酉（丙）	45
兌	丁	46
裻（勞）	戊	47
羅	己	48
𤼣（震）	庚	49
巽	辛	50

二十六、祟【簡43-51】

　　𦎧（乾）祟：屯（純）、五，宴（滅）宗1。九乃山。肴（淆）乃父之不䢼=（葬死）2。莫（暮）屯（純）乃室中，乃父。

　　臾（坤）祟：門、行。屯（純）乃母。八乃俘以死3乃西祭4四乃䊺（緕）者。

　　艮祟：盇（竈）5。九乃祟（虜）6。五乃椔歠7。

〔註190〕黎翔鳳：《管子校注》，頁847。

〔註191〕【魏】何晏等注，【宋】邢昺疏：《論語注疏》，臺北：藝文印書館，1985年，頁54。

兌祟：女子大面端（憚）虞（赫）死8、長女為妾而死。

裳（勞）祟：風9、長殤（殤）。五，伏鐱（劍）者。九，戊（牡）祟（豦）6。四，桊（縊）者。弌（一）四弌（一）五，乃殆（辜）者10。

羅祟：寘（熱）、氽（溺）者。四，縴（縊）者。一四一五，長女殤（殤）。二五夾四，殆（辜）者。

蠹（震）祟：日出，東方。衎（旰）日，監天。昃（昃）日，昊天。莫（暮）日，雨币（師）11。五，乃瘥（狂）者。九，乃戶。

巽祟：孳（娩）殤（殤）12。五、八乃晋（巫）。九，柆13、兹（蠪）子14。四，非瘥（狂）乃縴（縊）者。

夫天之道，男戠（勝）女，眾戠（勝）募（寡）。

1. 㝅宗：

此字原簡作，整理小組認為該字形與楚簡中「䍃」字的下半部相近，故推測此字為從「宀」、「旻」聲字，通讀為同為明母月部的「滅」字，「滅宗」指滅絕的宗族。〔註192〕不過，有學者不贊同將此字讀為「滅」字，首先從字形來看，有鬲散人提到陳劍有專文討論「䍃」字，該字與「民」古音相近，並以此推測「䍃」應通讀為「泯」，但意義與「滅」相同。《說文》：「泯，滅也。」《詩·大雅·桑柔》：「亂生不夷，靡國不泯。」《毛傳》：「泯，滅也。」《後漢書·崔琦傳》：「家國泯絕，宗廟燒燔。」〔註193〕李宛庭指出陳劍之文應為〈甲骨金文舊釋「尤」之字及相關諸字新釋〉，其中提到汗簡有字讀為「閔」，其右旁所從的兩斜筆為飾筆，有時又寫成三斜筆，讀音應與「旼」相近。〔註194〕而考之楚簡中「䍃」字下方所從的「旻」，確實多有飾筆，如【《郭店·語叢三》71】、【《仰天湖》7】，故整理小組將隸定為「䍃」字當可從。從上文論述可知，「䍃」與「泯」、「滅」皆音近，且無論讀為「泯」、「滅」意義皆同，可知讀為「泯」、「滅」皆可通。只是傳世文獻中習見「滅宗」一詞，如《墨子·明鬼》：「且禽艾之道之曰：『得璣無小，滅宗無大』。則此言鬼神之所賞，無小必賞之；鬼神之所罰，無大必

〔註192〕李學勤主編：《清華大學藏戰國竹簡（肆）》，頁115～116。

〔註193〕有鬲散人：〈初讀清華簡（四）筆記〉，簡帛論壇，第14樓，2014年1月，網址：http://www.bsm.org.cn/forum/forum.php?mod=viewthread&tid=3155&extra=page%3D1&page=2

〔註194〕李宛庭：《清華大學藏戰國竹簡（肆）·筮法研究》，頁126。

罰之。」〔註195〕《管子·明法解》:「蔽欺侵凌,人主莫不惡也,失天下,滅宗廟,人主莫不惡也。」〔註196〕《左傳·定公四年》:「滅宗廢祀,非孝也。」〔註197〕因此,「叟宗」應從整理小組所言讀為「滅宗」。

「滅宗」的意義,王化平認為應指「已死的宗主或嫡長子」,並非滅絕的宗族。〔註198〕然而,包山簡中有「繼無後者」的祟可以參對,如「舉禱於繼無後者【250】」,〔註199〕因此,「滅宗」的意義應指「宗族滅絕、無人繼祀」的人鬼。

2. 父之不殀=

不殀,整理小組讀為「不葬死」。〔註200〕子居認為此指「死後沒有舉行葬禮埋葬者」。〔註201〕袁金平、李偉偉認為「不葬死」即「死不葬」,傳世文獻中習見,睡虎地《日書甲種·詰咎》則有:「鬼恒裸入人宮,是幼殤死不葬。」之語,故知「死不葬」為「死而無葬身之地者」,〔註202〕其說可從。

3. 俘以死

其中「俘」字原簡作 𝕬,整理小組讀為「奴」,指「為奴而死」。〔註203〕只不過《筮法》中「奴」字多見,皆從女從又,與此字形體有別,故學者多認為 𝕬 不為「奴」字。

〈志事〉	〈軍旅〉	〈果〉		〈爻象〉	
𝕬【26】	𝕬【35】	𝕬【41】	𝕬【41】	𝕬【61】	𝕬【61】

關於此字,學者們的看法有四:

（1）讀為「伊」:

暮四郎認為清華三《良臣》有「伊」字作 𝕬【2】,疑 𝕬 即左右構形互換

〔註195〕吳毓江:《墨子校注》,北京:中華書局,1993年10月,頁337。
〔註196〕黎翔鳳:《管子校注》,頁1216。
〔註197〕楊伯峻:《春秋左傳注》,頁1547。
〔註198〕王化平:〈讀清華簡《筮法》隨箚〉,頁74。
〔註199〕湖北省荊沙鐵路考古隊:《包山楚簡》,頁37。
〔註200〕李學勤主編:《清華大學藏戰國竹簡(肆)》,頁115。
〔註201〕子居:〈清華簡《筮法》解析(修訂稿下)〉,頁66~67。
〔註202〕袁金平、李偉偉:〈清華簡《筮法·祟》與睡虎地秦簡《日書甲種·詰》對讀札記〉,頁39。
〔註203〕李學勤主編:《清華大學藏戰國竹簡(肆)》,頁116。

的伊字。「伊」古與「翳」通用，而「翳」有「死」的意思，如《詩經・大雅・皇矣》：「作之屏之，其菑其翳。」《毛傳》：「木立死曰菑，自斃曰翳。」又如《國語・周語下》：「而又奪之資，以益其災，是去其藏而翳其人也。」韋昭注云：「翳，猶屏也。」推測「翳以死」即「斃以死」、「滅以死」。〔註204〕

（2）讀為「歺」，訓為「孽」：

侯乃峰疑 **尸刂** 為「歺」，只是受到上下文「死」字的影響及抄寫者誤將「歺」上方誤為「人形」，故將在右旁添加「人」形。《說文》：「歺，讀若櫱岸之櫱。」故「**尸刂**」應讀為音近的「孽」，「孽以死」指犯有罪孽或因災害而死。

（3）讀為「孚」：

付強發現上博一《緇衣》：「萬邦作卩（孚）」的「卩」字寫成 **尺**，並根據《尚書・呂刑》：「五辭簡孚，正於五刑。」《偽孔傳》：「五辭簡核，信有罪驗，則正於五刑。」楊筠如《尚書覈詁》：「孚讀為符，信也，合也。」推測「**尸刂**以死」應讀為「仰（孚）以死」，「仰」的意義應與楊筠如所言相同，有信、合的意思。〔註205〕

（4）讀為「妣」：

劉佳佩舉上博簡所見的數個「死」字為例，如 **妕**【《容成氏》44-43】、**死**【《昭王毀室與龔之脽》08-24】、**死**【《曹沫之陳》47-10】等死字右旁所從的匕，寫法與 **尸刂** 右旁皆相同，推測 **尸刂** 為從「女」從「匕」的「妣」字，即今之「妣」字的異體，指女性祖先。〔註206〕

案：上述四說以付強讀為「孚」為佳，首先關於暮四郎之說，已有李宛庭論證其說不確，因楚地的「尹」字多作 **尸** 形【《包山》121】，且《筮法》的〈四位表〉有君字作 **君**，其上所從的尹形與 **尸刂** 左旁不同。故 **尸刂** 當不為「伊」字。

侯乃峰之說實際上是把 **尸刂** 讀為訛變的「歺」字，從構形來看，若 **尸刂** 為

〔註204〕暮四郎：〈初讀清華簡（四）筆記〉，簡帛論壇，第11樓，2014年1月，網址：http://www.bsm.org.cn/forum/forum.php?mod=viewthread&tid=3155&extra=page%3D1&page=2

〔註205〕付強：〈說清華簡《筮法》中釋為「奴」之字〉，武漢大學簡帛網，網址：http://47.75.114.199/show_article.php?id=2016。

〔註206〕劉佳佩：《清華簡〈筮法〉研究》，頁148～150。

從「歺」從「人」之字，那麼該字即為「死」的省形，「死」字於《筮法》中共15見：

〈死生〉				〈祟〉	〈十七命〉
【2】 【4】 【6】 【8】				【44】	【62】
【11】 【14】 【15】 【17】				【46】	
【20】 【21】 【23】				【46】	

從字形來看，⿰歹人與⿰歹死的差別只有左旁上半的「⿰」形，只不過《筮法》「死」字多見，無一作⿰者，可知⿰確實非死字。侯乃峰認為⿰是抄寫者將「歺」的「⿰」旁誤抄為「人」形，又受到「死」字的影響將之置於右旁的觀點不確，畢竟《筮法》簡「死」字多見，不太可能產生誤抄，且此字若如侯乃峰所說「參考了前後的死字而將人形置於右旁」，那誤抄的可能性理當更低，故⿰也不應讀為「歺」。

至於劉佳佩將⿰讀為「妣」雖然在字形上可通，但觀《筮法》簡文，⿰後尚有「以死」二字才有墨丁句讀，可見「⿰以死」是一個祟。《禮記·曲禮下》：「生曰父、曰母、曰妻。死曰考、曰妣、曰嬪。」〔註207〕若此處僅是要表示女性先祖作祟，用妣字即可，似不必加「以死」兩字，故推測⿰也不為妣。

而付強以上博一《緇衣》：「萬邦作⿰」將「⿰」讀為「孚」字，雖然此字形與楚簡中的孚字不同⿰【《郭店·緇衣》2】、⿰【《清華六·鄭文公問太伯（乙）》9】，但《緇衣》篇有傳世文獻可以參對，〔註208〕可知⿰確為「孚」字。只不過付強將「孚」訓為「信也、合也」似乎不合《筮法》此處的文意。筆者認為戰國時期各國征伐不斷，也產生大量的俘虜，如《左傳·莊公六年》：「冬，齊人來歸衛俘。」〔註209〕《左傳·僖公二十八年》：「獻楚俘于王，駟介百乘，

〔註207〕 【漢】鄭玄注，【唐】孔穎達等正義：《禮記正義》，頁99。

〔註208〕 《禮記·緇衣》：「子曰：『好賢如《緇衣》，惡惡如《巷伯》，則爵不瀆而民作愿，刑不試而民咸服。《大雅》曰：「儀刑文王，萬國作孚。」』」【漢】鄭玄注，【唐】孔穎達等正義：《禮記正義》，頁927。

〔註209〕 楊伯峻：《春秋左傳注》，頁167。

徒兵千。」〔註210〕「俘以死」或指在戰事中遭敵國俘虜、客死異鄉之鬼。

4. 西祭

　　整理小組認為指西方之神，與震祟的東方相對。〔註211〕暮四郎認為從語法上來看「西祭」應是動詞，可能指「祭月」，與前述的「𢨋以死」有關。《禮記‧祭義》：「祭日於東，祭月於西。」，《禮記‧祭法》：「王宮，祭日也；夜明，祭月也。」《國語‧魯語下》：「事故天子大采朝日，與三公、九卿祖識地德；日中考政，與百官之政事，師尹維旅、牧、祖宣序民事；少采夕月，與大史、司載糾虔天刑；日入監九御，使潔奉禘、郊之粢盛，而後即安。」韋昭云：「言天子與公卿因朝日以修陽政而習地德，因夕月以理陰教而糾天刑。」從《國語》引文可知祭月應與刑罰之事有關。〔註212〕

　　只不過，暮四郎並未詳論祭月與「𢨋以死」之間的關係，僅說兩者可能有關。李宛庭認為祭月之說不確，其以坤祟有五祀中的「門」、「行」推斷此「西祭」與「祀行」有關，因祀行多於西面進行，如《禮記‧祭法》提到「國行」，皇侃云：「謂行神，在國門外之西。」《獨斷‧卷上》：「祀之于行，在廟門外之西，拔壤厚二尺、廣五尺、輪四尺，北面設主于拔上。」此外，李宛庭認同暮四郎「西祭」與「𢨋以死」有關的觀點，認為「五祀」可見在包山簡中作為一種除祟的手段，如簡【218-219】：「恒貞吉。甲寅之日，病良瘥。有祟。大見。以其故敓之：璧琥，則良月良日歸之，且為巫佩。速巫之。厭一於地主；賽禱築一白犬。」因此，「西祭（祀行）」在此可能指安撫「𢨋以死」的手段。〔註213〕

　　然而，從〈祟〉節的簡文來看，此節所列舉的應該都是作祟者，故此處的西祭應也是作祟者而非解祟之法，李宛庭之說恐非。〔註214〕從本節內容來看，五祀都可能為作祟者，也就是說包山簡之所以「祀行」，即是該占卜有「行」作祟之故，故祭「五祀」並非示除祟的一種普遍手段，而是五祀為

〔註210〕楊伯峻：《春秋左傳注》，頁 463。

〔註211〕李學勤主編：《清華大學藏戰國竹簡（肆）》，頁 116。

〔註212〕暮四郎：〈初讀清華簡（四）筆記〉，簡帛論壇，第 53 樓，2014 年 1 月，網址：http://www.bsm.org.cn/forum/forum.php?mod=viewthread&tid=3155&extra=page%3D1&page=6

〔註213〕李宛庭：《清華大學藏戰國竹簡（肆）‧筮法研究》，頁 129～130。

〔註214〕雖然〈十七命〉把「祟」列為命辭之一，但從包山楚簡的卜筮祭禱簡來看，祟似乎不是獨立占問的命辭。

祟才需要祭祀。假設「西祭」指祀行，那也應與「俘以死」無關。更何況坤祟中已見「行」，故推測「西祭」當也與行無關。

只不過從「祭祀」的思路來看，「西祭」確實有可能指某種祭祀的對象為祟，唯筆者尚未在傳世文獻中找到與簡文內容相符者，較接近者有《禮記·禮器》中的「繹祭」：「設祭於堂，為祊乎外。」賈公彥疏：「祊，謂明日繹祭在廟門之旁謂之祊，言為此祊祭在於廟門外之西也。」〔註215〕從此可知「祊」即為「繹祭」，《禮記·郊特性》提到祊必在西方：「孔子曰：「繹之於庫門內，祊之於東方，朝市之於西方，失之矣。」」〔註216〕然而，繹祭似乎沒有特定專指某一祭祀對象，如《尚書·高宗肜日》有孔穎達疏曰：「祭天地、社稷、山川、五祀皆有繹祭。」〔註217〕而從〈祟〉節其它的祟來看，「西祭」應有專指。就此來看，暮四郎認為「西祭」可能指「月」或可備為一說，包山簡有「攻解日、月與不姑【248】」。〔註218〕可見「月」亦為作祟者之一，只不過為何稱「西祭」而不如包山簡直稱「月」則不好解釋。

除了上述兩說之外，子居還提到「祭」或可通讀為「蔡」，指流放，如《左傳·昭公元年》：「周公殺管叔而蔡蔡叔。」「西祭」或指被流放到西邊而死的人鬼。〔註219〕而「蔡」從「祭」得聲，聲音可通。子居之說有文獻佐證，於簡文亦合，也可備為一說。

5. 蚩

此字原簡作🗲，整理小組將之隸定為「隶」，讀為「殔」或「肂」，指「埋柩」或「假葬於道中」。〔註220〕有鬲散人認為其下方所從應為「它」形，故此字應為從又、它聲之字，讀為「拕」。從其構形來看，也有可能是「蚩」的訛體。〔註221〕海天遊蹤補充《清華四》字形表的🗲字其實修掉了下方「它」

〔註215〕【漢】鄭玄注，【唐】孔穎達等正義：《禮記正義》，頁472～473。

〔註216〕【漢】鄭玄注，【唐】孔穎達等正義：《禮記正義》，頁489。

〔註217〕【漢】孔安國傳，【唐】孔穎達疏：《尚書正義》，臺北：藝文印書館，1985年，頁143。

〔註218〕湖北省荊沙鐵路考古隊：《包山楚簡》，頁37。

〔註219〕子居：〈清華簡《筮法》解析（修訂稿下）〉，頁67。

〔註220〕李學勤主編：《清華大學藏戰國竹簡（肆）》，頁116。

〔註221〕有鬲散人：〈初讀清華簡（四）筆記〉，簡帛論壇，第45樓，2014年1月，網址：http://www.bsm.org.cn/forum/forum.php?mod=viewthread&tid=3155&extra=page%3D1&page=5

字的小斜筆，其實該字有明顯的交叉 ，如新蔡簡「夏」字 【《新蔡》乙一18】左下「它」形寫法亦與此相同。〔註222〕

　　子居認同有鬲散人之說，並推測此字應讀為「改」，即今之「施」字。如郭店《尊德義》：「故德可易而施可轉也」、「有是施小有利」的「施」字分別作 、 形、清華一《保訓》：「厥有施於上下遠邇」的「改（施）」字作 。而《國語‧晉語》：「秦人殺冀芮而施之。」韋昭注曰：「陳屍曰施。」可見「施以死」應指「死而陳屍者」。〔註223〕

　　另外，季旭昇認為「被殺而陳屍」在一般人的生活中很難遇到，再加上楚簡的「施」字都是左右構形，未見上下構形者。故疑此字應為「蚤」字，「它」旁為「虫」字之訛。在此讀為「竈」，為五祀之一。「竈」、「蚤」皆為精母幽部字，聲韻相同可通。〔註224〕

　　案：從《國語》的辭例來看，將 讀為「施」指「陳屍」符合此處文意。在先秦典籍中有死刑後曝屍的刑罰，如《周禮‧秋官‧司寇》：「協日刑殺，肆之三日。」鄭玄注曰：「肆之三日，故《春秋傳》曰『三日棄疾請尸』。《論語》曰『肆諸市朝』。」賈公彥疏曰：「云『肆之三日』者，肆，陳也，殺訖陳尸也。云《春秋傳》者，襄二十二年：『楚令尹子南寵觀起，楚人患之。子南之子棄疾為王御士。王泣告棄疾，言子南罪，遂殺子南於朝』。注云：『子南，公子追舒』。三日，棄疾請尸。云《論語》者，《憲問篇》云：『公伯寮愬子路於季孫。子服景伯謂孔子曰：吾力猶能肆諸市朝。』注云：『大夫於朝，士於市。公伯寮是士，止應云肆諸市，連言朝耳。』引之者，皆證肆之三日之事也。」〔註225〕事實上，〈祟〉節中有「辜者」，指因罪被殺之人。因此，受刑而遭曝屍的人鬼確實可能存在而作祟。只不過從文字的層面來看， 確實也有可能為「蚤」字，故可備一說。

　　6. 祟、牡祟

　　祟字原簡作 ，整理小組讀為「虜」，是一種獸名。〔註226〕暮四郎認

〔註222〕海天遊蹤：〈初讀清華簡（四）筆記〉，簡帛論壇，第46樓，2014年1月，網址：http://www.bsm.org.cn/forum/forum.php?mod=viewthread&tid=3155&extra=page%3D1&page=5

〔註223〕子居：〈清華簡《筮法》解析（修訂稿下）〉，頁67。

〔註224〕季旭昇主編：《清華大學藏戰國竹簡（肆）讀本》，頁121～122。

〔註225〕【漢】鄭玄注，【唐】賈公彥疏：《周禮注疏》，頁528。

〔註226〕李學勤主編：《清華大學藏戰國竹簡（肆）》，頁116。

為從字形來看，此字應為從「示」、「臼」聲，而楚簡中從「示」之字多以「示」以外的偏旁得聲，故 𣂏 當從「臼」得聲，或讀為「咎」。而「九牡咎」應讀為「九牡，咎」，「牡」的意義與〈享〉節的「牡」字相同，乃是說明「九」的性質為「牡（陽）」。因此「九牡咎」指出現牡交九，就會有「咎」。至於為何此處的咎與《筮法》中其它的「咎」形體不同，暮四郎則用了「同詞異字」的現象來解釋。〔註227〕

雖然暮四郎關於該字體之說無誤，此字的確為從「示」、「臼」聲字，但讀為「咎」則不可。首先，如前述所論，此處所見的各種祟都有所指，而「咎」《說文》曰：「災也」，〔註228〕於文獻中並無指稱特定的鬼神，況且暮四郎指此處的「咎」與〈咎〉節之「咎」似為同義，意思是「有無過錯」而非某作祟的鬼神。就此來看，𣂏 很有可能不讀為「咎」字。此外，牡字的釋讀也不確，雖然《筮法》在筮例中確實以牝、牡來代稱陰、陽卦，但並未以牝、牡代替筮數者，可知其說為非。

李宛庭則指出 𣂏 既從「臼」得聲，「臼」上古音為群母幽部，「戁」群母魚部，兩者聲母相同，而幽魚可旁轉，故整理小組將此字通讀為「戁」可從。〔註229〕袁金平、李偉偉認為「戁」或許指睡虎地《日書甲種・詰咎》中的「遽鬼」：「凡邦中之立叢，其鬼恒夜呼焉，是遽鬼執人以自代也。【簡67背貳—68背貳】」、「鬼恒招人出宮，是遽鬼無所居。【簡28背參】」從簡文來看，「遽鬼」是一種能迫使他人代替其死，使自己能夠復生的鬼。〔註230〕類似今民間所謂的「抓交替」，應是人鬼的一種。然而，勞祟以「牡」來形容戁，先秦典籍中牝、牡多用於牲畜上，《說文》：「牝，畜母也。」、「牡，畜父也。」〔註231〕再加上〈交象〉中九有大獸之象，因此「戁」、「牡戁」應如整理小組所言，指「封豕之屬」或「玃」等獸類，而非「遽鬼」。〔註232〕

〔註227〕暮四郎：〈初讀清華簡（四）筆記〉，簡帛論壇，第34樓，2014年1月，網址：http://www.bsm.org.cn/forum/forum.php?mod=viewthread&tid=3155&extra=page%3D1&page=4

〔註228〕【清】段玉裁：《說文解字注》，臺北：藝文印書館，1994年12月，頁386。

〔註229〕李宛庭：《清華大學藏戰國竹簡（肆）・筮法研究》，頁132。

〔註230〕袁金平、李偉偉：〈清華簡《筮法・祟》與睡虎地秦簡《日書甲種・詰》對讀札記〉，頁39。

〔註231〕【清】段玉裁：《說文解字注》，頁51。

〔註232〕《說文》：「戁……司馬相如說戁封豕之屬。」、《爾雅・釋獸》郭璞注曰：「今建平山中，有戁大如狗，似獼猴，黃黑色，多鬛鬣，好奮迅其頭，能舉石摘

7. 椳猦

整理小組僅疑「猦」或可讀為「魃」。〔註233〕「猦」原簡作 ，網友無

斁認為整理小組將之隸定為「猦」不確，並指出其下所從與楚簡中的「敀」字

不同，如 【信陽二09】、 【《上博九·靈王遂申》2】。此字下方所從應為「犬」

形，如信陽楚簡中有糇字作 ，故此字從「首」、從「犬」，應隸定為

「夐」，其義待考。而「椳」原簡作 ，疑右旁為「畏」形之省，如郭店《唐

虞之道》簡13有從「戈」、從「畏」的 字，故 當隸定為「椳」。〔註234〕

子居贊同無斁之說，認為「椳」通「猥」，與「夐」皆是猿猴一類的物

種。〔註235〕事實上，除了鬼神之外，作祟者也有可能是成了精的動物或神

獸，如睡虎地《日書甲種·詰咎》：「犬恒夜入人室，執丈夫，戲女子，不可

得也，是神狗偽為鬼。【簡47背壹─48背壹】」、「鳥獸能言，是妖也。【簡59背

壹】」〔註236〕因此，〈祟〉節出現猿猴為祟相當合理。

只不過，李宛庭指出楚簡中的「戈」與「犬」旁只差一橫筆，作為偏旁時

人，玃類也。」請見【清】段玉裁：《說文解字注》，頁460。【晉】郭璞注，
【宋】邢昺疏：《爾雅注疏》，臺北：藝文印書館，1985年，頁191。

〔註233〕李學勤主編：《清華大學藏戰國竹簡（肆）》，頁116。

〔註234〕無斁：〈初讀清華簡（四）筆記〉，簡帛論壇，第30、50樓，2014年1月，
網址：http://www.bsm.org.cn/forum/forum.php?mod=viewthread&tid=3155&ex
tra=page%3D1&page=3、http://www.bsm.org.cn/forum/forum.php?mod=view
thread&tid=3155&extra=page%3D1&page=5

〔註235〕子居提到《文選·西京賦》：「攎狒猬，嶎狻。」李善注：「猬，其毛如刺。」而
此「猬」並非後世所謂的「刺蝟」，而應是一種猿猴，有可能指《山海經·中
次九經》中的「蚺」，其言：「又東五百里，曰騩山……其獸多犀象熊羆，多猨
蚺。」郭璞注：「蚺似猴，鼻向上，尾四五尺，頭有岐，蒼黃色，雨則自懸樹，
以尾塞鼻孔，或以兩指塞之。」而《西京賦》的「猬」與「狒」並列，《呂氏
春秋·察傳》：「狗似玃，玃似母猴，母猴似人，人之與狗則遠矣。」《山海經·
海內北經》又言：「環狗，其為人，獸首人身。一曰蝟，狀如狗，黃色。」推
測「猬」也是猿猴之屬，從《山海經》的內容來看，應類似於今之金絲猴。此
外，「夐」也是猿猴一類的物種，如《廣韻·入錫》：「臭，亦獸名。猨屬，脣
厚而碧色。」子居：〈清華簡《筮法》解析（修訂稿下）〉，頁67。

〔註236〕睡虎地秦簡整理小組：《睡虎地秦墓竹簡》，頁213～214。

本就可與「犬」通用，並引季旭昇《說文新證》中提到西周金文中有「猷」字作 ，並言：「西周金文从首、犬，『犬』應為『犮』之省，『犮』應為聲符。秦文字改从彡、犮聲，小篆即作此形。」可知 即為「猷」字，而《筮法》中有多個文字與西周金文的構形相近，故《筮法》若將「犮」寫成「犬」形亦合理。此外，無斁將「榎」讀為「根」亦不確，楚簡中的從「畏」之字多作 （愄，【包山】2.172）、（緦，【包山】2.268），與 右旁有別，故 仍應如整理小組所言讀為「榎猷」，只不過榎猷所指仍待考。〔註237〕

案：李宛庭之說當是， 字右旁明顯從「思」不從「畏」，楚簡思字心旁上方多無橫筆如 【包山198】、【郭店·性自命出】31】。而郭店簡《唐虞之道》的 中間有一橫筆與「戈」旁相連，很有可能是加心之飾筆的「畏」字 省形，並非「思」字。而無斁未釋「榎猷」為何，子居則將兩字分釋，雖然都是猿猴類，但從其論述來看明顯將兩字獨立解釋成兩種不同的猿猴。然而，從此處的斷句來看，《筮法》並未將「榎猷」用標點符號斷開，雖然坤祟的「門、行」兩祀、勞祟「風、長殤」兩祟也未用墨丁斷開，但「榎猷」不若「門、行」、「風、長殤」確定為兩種鬼神，因此「榎猷」仍有可能專指一祟。單從字義來看，「榎」為「相思樹」，如《廣韻》：「榎，相榎木。」〔註238〕而「猷」為「髮」古字，從現有的傳世、出土文獻中未見有相關或是可通讀的作祟者。倘若「猷」如整理小組讀為「魃」，則「榎」亦未知作何解，故「榎猷」究竟指何祟，目前尚不得而知。

8. 大面端（懚）虞（赫）

整理小組原將「端」訓為「頭」，而虞原簡作 ，即楚簡中常見的虩字，在此讀為「嚇」。〔註239〕侯乃峰則讀為「臄」，並將「端」讀為「短」，「女子大面短臄死」指此女鬼的容貌面部寬大、口鼻之間短狹。〔註240〕然而，季旭昇認為將「端」讀為「頭」似乎不確，因「端」字在傳世文獻中並未作「人的頭部」使用，整理小組本引《禮記·檀弓》：「柏椁以端長六尺。」孔穎達疏：

〔註237〕 李宛庭：《清華大學藏戰國竹簡（肆）·筮法研究》，頁133。

〔註238〕 【宋】陳彭年撰，林尹校訂：《宋本廣韻》，頁59。

〔註239〕 李學勤主編：《清華大學藏戰國竹簡（肆）》，頁116。

〔註240〕 侯乃峰：〈釋清華簡《筮法》的幾處文字與卦爻取象〉，頁21。

「端，猶頭也。」〔註241〕證「端」有「頭」的意思。但季旭昇根據文意，認為此處的端是指木材的末端，並不能用來代指人的頭部，再者，「大面」本身就有「大頭」的意思，不必再加「端」字。因此，季旭昇推測「大面端虖」應斷讀為「大面，端虖」，「端」或可通讀為「憚」，「端」為端母元部，「憚」為定母元部，聲母相近而韻部相同可通；「虖」應讀為「赫」。「憚赫」見於《莊子‧外物》：「聲侔鬼神，憚赫千里。」在此應指被嚇死。也就是說「女子大面端虖死」意即「大臉的女子被嚇死為祟」，〔註242〕其說可從。

9. 風

整理小組認為此處的風應與震祟的雨師相對，指風伯。〔註243〕但金宇祥認為各八卦間的祟似乎看不出來有對應的關係，加上〈祟〉節所見的作祟者多以人鬼為主，故此處的「風」應也是人鬼。而睡虎地《日書甲種‧詰咎》中有「飄風」為祟：「野獸若六畜逢人而言，是飄風之氣。【簡52背壹—53背壹】」、「凡有大飄風害人……。【簡64背貳】」並提到劉樂賢、劉釗、陳家寧等學者考證此「飄風」之鬼為「狼鬼」所化。因此，〈祟〉節此處的「風」很有可能指此「飄風之鬼」。〔註244〕其說可從。

10. 辜者

此辜者應如董春、袁金平、李偉偉所言，指「有罪而被刑殺之人」。楚簡中常見「不辜者」為祟，如睡虎地《日書甲種‧詰咎》：「人生子未能行而死，恒然，是不辜鬼處之。【簡52背貳】」〔註245〕此辜者當可與不辜者相對，如董春考之曰：

> 蓋勞卦與離卦當中出現了「一四一五，乃辜者」、「二五夾四，乃辜者」，可見在《筮法》當中是將「辜者」看作是作祟之鬼的。但在包山簡【217】天星觀【166】中都出現了「思攻解於不辜。」所謂辜者「辠也」，許慎注曰：「《周禮》殺王之親者，辜之。鄭注辜之言枯也，謂磔之。案辜本非常重罪，引申凡有罪皆為辜。」……由此可見，辜乃是一種重刑，將有罪之人分屍以儆效尤，所謂辜者乃是犯重罪

〔註241〕【漢】鄭玄注，【唐】孔穎達等正義：《禮記正義》，頁152。
〔註242〕季旭昇主編：《清華大學藏戰國竹簡（肆）讀本》，頁126。
〔註243〕李學勤主編：《清華大學藏戰國竹簡（肆）》，頁116。
〔註244〕金宇祥：〈《清華肆‧筮法》淺議〉，頁14～15。
〔註245〕睡虎地秦簡整理小組：《睡虎地秦墓竹簡》，頁214。

之人受之以分屍之刑，故祟之。但不辜者為何依然為祟？此處之辜不應當作磔來解，而應按罪來講，所謂不辜者，乃是不因其罪而受刑而亡。〔註246〕

可見辜者與不辜者相對，前者指「有罪而被刑殺之人」，後者指「無罪但被刑殺之人」，而此處所見的辜者當如其說。

11. 日出，東方。忓（旰）日，監天。昊日，昊天。莫日，雨帀

此段文字有兩個重點，一是「旰」字的釋讀，二是東方、監天、天、雨師的所指。

首先關於「忓」字，此字原簡作𢦏，整理小組將之隸定為「戈」，讀為「食」，指「食日」。〔註247〕而駱珍尹認為此字右旁所從應為「干」而非「戈」，楚簡中「屰」、「干」、「弋」、「戈」等字雖然作為偏旁時多有訛混。但若仔細區分，「弋」字多作𢦏，中間直豎乃一筆而成；「干」字作𢆉，上面先寫ˇ形，下面再寫丅形。有時書手為了方便快寫，中間乾脆一筆而下，故作「弋」形。可以說「干」字有因為快書的緣故而寫成「弋」，但「弋」卻很少寫成「干」。而《筮法》𢦏的右旁，中間豎筆並沒有連貫，應該是「干」字的寫法。故此字當隸定為「忓」，讀為「旰」。〔註248〕另外，《筮法》中可見幾個從「戈」、「弋」之字：

戌（歲）	果【40】			
戒	爻象【56】			
戰	十七命【62】			
戩（勝）	征【25】、	征【27】、	征【51】、	征【51】
戊	（牡）享【3】、	（牡）祟【47】、	天干【47】	

〔註246〕 董春：〈論清華簡《筮法》之祟〉，收錄於江林昌主編《清華簡與儒家經典》，頁99。袁金平、李偉偉所論請見〈清華簡《筮法·祟》與睡虎地秦簡《日書甲種·詰》對讀札記〉，頁40。

〔註247〕 李學勤主編：《清華大學藏戰國竹簡（肆）》，頁116。

〔註248〕 駱珍尹：〈說「旰日」〉，武漢大學簡帛網，網址：http://47.75.114.199/show_article.php?id=1981（2014年1月11日）。

成	成【28】、 成【29】、 成【31】、 十七命【62】
試	十七命【63】
弌	死生【4】、 死生【19】、 男女【20】、 小得【28】、 祟【47】、 祟【47】
弍	男女【20】

如駱珍尹所言，這些從「戈」、從「弋」之字中間皆一筆書寫，當可確定 斘 不為「代」，可從之隸定為「仟」，讀為「旰」。

而「旰日」的意義也如其所說，震祟與其他卦祟不同，主要以一日之內的不同時間區別作祟者，從頭至尾依序為「日出」、「旰日」、「昃日」、「莫日」，「旰日」在「日出」之後、「昃日」之前，而「昃日」根據《說文》：「昃，日在西方時。」可確切知道指的是下午，因此「旰日」應為日出到午後的這段時間，也就是上午時段。〔註249〕

震祟的四段時間內，各有不同的作祟者，分別為「東方」、「監天」、「天」、「雨師」，今從學者們的釋讀並疑此指「四方神」。其中，監天雖於文獻中未見，但整理小組疑此為《淮南子·天文訓》中的「炎天」，指南方。並以「東方」、「炎天」為基礎，疑「昃日」之祟「天」有脫文，按《淮南子·天文訓》的內容來看，原應作「昊天」。〔註250〕

整理小組之說值得參考，首先「監」與「炎」音近，兩者皆為談部字，或可音通。若此，則四方中已見「東」、「南」兩方，或可疑雨師即北方之神玄冥，《風俗通義·祀典·雨師》：「《春秋左氏傳》說：『共工之子為玄冥師。』、『鄭大夫子產襪於玄冥。』雨師也。」〔註251〕《禮記·月令》：「孟春之月，

〔註249〕 駱珍尹：〈說「旰日」〉，武漢大學簡帛網，網址：http://www.bsm.org.cn/show_article.php?id=1981（2014 年 1 月 11 日）。《說文》原文見【清】段玉裁：《說文解字注》，頁 308。

〔註250〕 《淮南子·天文訓》：「西方曰顥天……南方曰炎天。」《呂氏春秋·有始覽》亦有相同之語。李學勤主編：《清華大學藏戰國竹簡（肆）》，頁 116。何寧：《淮南子集釋》，北京：中華書局，1998 年 10 月，頁 182。【漢】高誘注：《呂氏春秋》，臺北：藝文印書館，2009 年 10 月，頁 286～287。

〔註251〕 【漢】應邵撰，王利器校注：《風俗通義校注》，北京：中華書局，1981 年 1月，頁 365～366。

其神句芒。……孟夏之月，其神祝融。……孟秋之月，其神蓐收。……孟冬之月，其神玄冥。」〔註252〕就此來看，整理小組疑「戾日，天」脫一「昊」字的說法不無道理。根據晏昌貴的整理，楚簡中常見四方為祟，如新蔡簡：「弌禱太、北方。【乙四148】」、天星觀簡：「且有惡於東方。【100】」、「罷禱西方全豬豕。【128】」、包山簡：「思攻祝佩、珥、冠帶於南方。【231】」等等，甲骨文也早有祭禱疾病於四方神的記載，傳世文獻中祭四方的紀錄亦屢見不鮮，〔註253〕可見四方神自古有之。故今推測「東方」、「監天」、「昊天」、「雨師」很有可能為四方神，在震祟中以占卜的時間來判斷何者為祟。

12. 孖殤

孖字原簡作 （圖），整理小組讀為「字」，指產育。〔註254〕而暮四郎指出此字右旁為楚文字的「娩」，而左旁的「弓」形當為人或尸的訛變，楚文字「人」、「尸」、「弓」三偏旁常常寫得相近，故此字應讀為「娩」。〔註255〕李守奎亦認為此字當為「娩」的本字無誤，楚文字「尸」旁有時訛作「弓」。〔註256〕袁金平、李偉偉據此推測「娩殤」應指「難產而死的嬰兒」，即睡虎地《日書甲種・詰咎》中的「鬼嬰兒」：「鬼嬰兒恒為人號曰：『予我食』是哀乳之鬼。【簡29背參】」與〈祟〉簡文中「長殤」、「長女殤」同為「幼殤」一類的鬼祟。〔註257〕其說可從。

13. 粒

整理小組疑此即包山楚簡中的「漸木立」。〔註258〕但學者們對此有不同的看法，有三說：

（1）指夭折的幼子：

子居將「粒」與下文的「茲子」連讀為「粒茲子」，其中「茲」從「絲」

〔註252〕【漢】鄭玄注，【唐】孔穎達等正義：《禮記正義》，頁281、306、322、340。
〔註253〕晏昌貴：《巫鬼與淫祀──楚簡所見方術宗教考》，武漢：武漢大學出版社，2010年3月，頁130～132。
〔註254〕李學勤主編：《清華大學藏戰國竹簡（肆）》，頁117。
〔註255〕暮四郎：〈初讀清華簡（四）筆記〉，簡帛論壇，第19樓，2014年1月，網址：http://www.fdgwz.org.cn/forum/forum.php?mod=viewthread&tid=6980&extra=&page=2
〔註256〕李守奎：〈清華簡《筮法》文字與文本特點略說〉，頁60。
〔註257〕袁金平、李偉偉：〈清華簡《筮法・祟》與睡虎地秦簡《日書甲種・詰》對讀札記〉，頁39～40。
〔註258〕李學勤主編：《清華大學藏戰國竹簡（肆）》，頁117。

得聲，絲為幽部字，故「絲」應讀為「幼」。而「粒」《說文》曰：「折木也。」在此取其「折」之義，「粒茲子」指夭折的幼子。〔註259〕

（2）指脅生：

柯鶴立認為「粒」或指「脅生」，因《楚居》讀「臘」為「脅」，而「粒」與「臘」音近。而《楚居》的脅生故事中，創傷性分娩一般指一胎多子或一胎二子中的么子自脅而出，導致其母死亡。〔註260〕

（3）指暴戾之人：

侯乃峰認為「粒」或可讀為「戾」，指暴戾或罪戾之人。〔註261〕

案：子居與柯鶴立皆將「粒」與「茲子」連讀，前者如字讀為「粒」，指「夭折的幼子」，後者則讀為「臘」，訓為「脅」，指「因脅生么子難產而死的母體」。然而，從《筮法》的簡文來看，「粒」與「茲子」之間有墨丁隔開，故應如李宛庭所說，「粒」、「茲子」不可連讀，應是兩種不同的作祟者。〔註262〕其中，柯鶴立將「粒」讀為「脅」指「脅生」的意見值得考慮。清華一《楚居》記載了楚先祖麗季脅生的故事，其脅生之脅皆作「臘」：「麗不從行，潰自臘出，妣厲賓於天，巫咸刻其臘以楚，抵今曰楚人。」〔註263〕「臘」從「鼠」得聲，上古音為來母葉部，「粒」古音來母緝部，葉、緝可旁轉。另外，根據張儒、劉毓慶《漢字通用聲素研究》，劦、立聲素可通，如《公羊傳·莊公元年》：「搚幹而殺之。」《史記·齊太公世家》作「拉幹而殺之。」〔註264〕而從《楚居》的簡文來看，妣厲在脅生難產後即死亡，可見脅生難產是會造成母體死亡的，故若將「粒」讀為「脅」，指因難產而死亡的母鬼，相當符合〈祟〉的簡文內容。另外，侯乃峰將「粒」讀成「戾」，指「暴戾」或可備為一說。

〔註259〕子居：〈清華簡《筮法》解析（修訂稿下）〉，頁68。
〔註260〕從《楚居》簡文來看並非「臘」字，而應為「臘」，不過兩者皆從「鼠」得聲。柯鶴立：〈巽之祟——《筮法》中的陰卦與女性角色〉，收錄於江林昌主編：《清華簡與儒家經典》，上海：上海古籍出版社，2017年10月，頁43。
〔註261〕侯乃峰：〈釋清華簡《筮法》的幾處文字與卦爻取象〉，頁21。
〔註262〕李宛庭：《清華大學藏戰國竹簡（肆）·筮法研究》，頁140。
〔註263〕《楚居》原文可參《清華大學藏戰國竹簡（壹）》，釋文則根據金宇祥《清華大學藏戰國竹簡（壹）·楚居研究》稍作改易。李學勤主編：《清華大學藏戰國竹簡（壹）》，上海：中西書局，2010年12月，頁181。金宇祥：《清華大學藏戰國竹簡（壹）·楚居研究》，臺北：國立臺灣師範大學國文學系碩士論文（2013），頁23。
〔註264〕張儒、劉毓慶：《漢字通用聲素研究》，太原：山西古籍出版社，2002年4月，頁1038。

李宛庭以「粒」來母緝部,「戾」來母脂部,讀音相差較遠來反駁這種說法,〔註265〕不確。張儒、劉毓慶《漢字通用聲素研究》提及「戾」亦可通「立」,甲骨文《後下四二・八》有「㹭」字,屈翼鵬《殷墟文字甲編考釋》謂即「戾」字。〔註266〕而傳世文獻中常見「暴戾」一詞,如《呂氏春秋・慎大》:「桀為無道,暴戾頑貪,天下顫恐而患之。」〔註267〕、《史記・伯夷列傳》:「盜蹠日殺不辜,肝人之肉,暴戾恣睢,聚黨數千人橫行天下,竟以壽終。」索隱云:「暴戾謂兇暴而惡戾也。」〔註268〕而這使人想到睡虎地《日書甲種・詰咎》中的「暴鬼」:「鬼恒責人,不可辭,是暴鬼。【簡42背貳】〔註269〕」若「粒」如侯乃峰讀為「戾」,有可能指此「暴鬼」。

事實上,整理小組將「粒」解讀為「漸木立」頗有將「粒」作為合文讀之的意思。然而,從簡文來看「粒」並無合文符號,故將其依照構形讀為「木立」指「漸木立」可疑。至於漸木立所指,晏昌貴有詳細的考證,其考察劉信芳、曾憲通、吳鬱芳、連邵名、李家浩等學者之說,認為李家浩之說為確,「漸木立」應指「叢位」,晏昌貴指出,古代社神之位多以木,《周禮・地官・大司徒》:「設其社稷之壝而樹之田主,各以其野之所宜木,遂以名其社與野。」單個樹木可以為社主,眾多的叢林亦可為社,社或社鬼為祟致人疾病於傳世、出土文獻中皆有,如《春秋・莊公二十五年》:「六月辛未朔,日有食之,鼓,用牲於社。」、睡虎地《日書乙種・十二支占卜》:「卯以東吉,北見疾⋯⋯中鬼見社為姓。」〔註270〕而「粒」的意思是「折木」,意義似與立木為祀的漸木立有別,故推測「粒」應非「漸木立」。

綜上所述,「粒」目前暫存兩說,一是將之讀為「脅」指「難產而亡者」,二是通讀為「戾」,疑指睡虎地《日書甲種・詰咎》中的「暴鬼」。

14. 茲子

整理小組疑「茲」或讀為「攣」。〔註271〕而學者們多認為此釋讀不確。暮四郎認為此字下方從「茲」,可讀為「災」,「災子」指給其子帶來災禍。

〔註265〕李宛庭:《清華大學藏戰國竹簡(肆)・筮法研究》,頁140。

〔註266〕張儒、劉毓慶:《漢字通用聲素研究》,頁777。

〔註267〕【漢】高誘注:《呂氏春秋》,頁362。

〔註268〕瀧川龜太郎:《史記會注考證》,頁826。

〔註269〕睡虎地秦簡整理小組:《睡虎地秦墓竹簡》,頁213。

〔註270〕晏昌貴:《巫鬼與淫祀——楚簡所見方術宗教考》,頁122~125。

〔註271〕李學勤主編:《清華大學藏戰國竹簡(肆)》,頁117。

〔註272〕而子居與侯乃峰皆讀為「幼」，「幼子」指幼小的孩子。〔註273〕然而，袁金平、李偉偉對此有不同的看法，其認為暮四郎之說的結論不確，但贊同「茲」不讀為「攣」的觀點，並提到早先李家浩曾提及「絲」除了可釋為「茲」、「絲」外，還可以讀為「莖」上半部所從的茲，並證明「茲」可讀為「襲」。也就是說「茲」為從「宀」、「茲」聲字。《老子》中「恬淡為上」的「淡」字，於馬王堆帛書《老子》甲本作「襲」，乙本作「憺」，後王志平、孟蓬生等學者皆整理出傳世、出土文獻中有不少從「龍」得聲之字與「襲」互文的案例。故袁金平、李偉偉推測與「襲」音近的「茲」當讀為「蠪」，「蠪子」即睡虎地《日書甲種·詰咎》中的「幼蠪」：「夏大暑，室無故而寒，幼蠪處之。【簡50背壹】」而劉樂賢、劉偉疑「幼蠪」即為《莊子·達生》中的「鮭蠪」：「東北方之下者，倍阿鮭蠪躍之。」疏：「人宅中東北牆下有鬼，名倍阿鮭蠪，躍狀如小兒，長一尺四吋，黑衣赤幘，帶劍持戟。」因「狀如小兒」故可稱為「幼」、「子」，且其為鬼，故可祟於人。〔註274〕

　　綜合來看，袁金平、李偉偉之說可信。雖然子居、侯乃峰將「茲」讀為「幼」亦有聲韻上的依據，但〈祟〉節中已可見各種早殤之鬼，如勞祟有「長殤」、羅祟有「長女殤」，另外同為巽祟者還有「娩殤」。雖然子居、侯乃峰未進一步說明「幼子」具體所指，但既然〈祟〉篇所言皆為作祟者，那麼「幼子」也應是作祟者之一。若此，則其也應指早殤之鬼，既然簡文中已出現「長殤」、「長女殤」、「娩殤」等語，可知「茲子」當不為殤鬼。故今從袁金平、李偉偉之說，將「茲子」讀為「蠪子」。

二十七、地支與卦【簡52-57】

地　支	卦　名	簡　序	地　支	卦　名	簡　序
子午	䨲（震）	52	卯酉（酉）	羅	55
丑未	巽	53	脣（辰）戌	艮	56

〔註272〕暮四郎：〈初讀清華簡（四）筆記〉，簡帛論壇，第40樓，2014年1月，網址：http://www.bsm.org.cn/forum/forum.php?mod=viewthread&tid=3155&extra=page%3D1&page=4

〔註273〕子居：〈清華簡《筮法》解析（修訂稿下）〉，頁68。侯乃峰：〈釋清華簡《筮法》的幾處文字與卦爻取象〉，頁21。

〔註274〕袁金平、李偉偉所論請見〈清華簡《筮法·祟》與睡虎地秦簡《日書甲種·詰》對讀札記〉，頁41。

寅申	袋（勞）	54	巳亥	兌	57

二十八、地支與爻【簡52-57】

地　支	爻	簡　序	地　支	爻	簡　序
子午		52	卯甾（酉）		55
丑未		53	唇（辰）戌		56
寅申		54	巳亥		57

二十九、爻象【簡52-61】

　　凸（凡）肴（爻）象，八為風，為水，為言，為非（飛）鳥，為瘇1脹，為魚，為權桐（通）2，才（在）上為飤（匜／匌）3，下為汏（汱）4。

　　五象為天，為日，為貴人，為兵，為血，為車，為方，為惡（憂）、懸（懼）5，為羕（飢）6。

　　九象為大戰（獸），為木，為備戒，為百（首），為足，為它（蛇），為它，為凵（曲），為瑗（祕）7，為弓、琥、坑（璜）。

　　四之象為墜（地），為圓（圓），為壴（鼓），為耳（聰）8，為環，為腫9，為霋（雪），為零（露），為霓（霰）。

　　凸（凡）肴（爻），奴（如）大奴（如）少（小），复（作）於上，外又（有）叟（咎）；复（作）於下，內又（有）叟（咎）；上下皆乍（作），邦又（有）兵命、鷹忈10、風雨、日月又（有）此（差）11。〔註275〕

〔註275〕李宛庭疑「凡爻……日月有差」這段文字並不屬於〈爻象〉，理由有三：其一、此段文字未接續〈爻象〉抄於簡60，而是獨立抄於簡61上。其二、這段文字使用了《筮法》各節開頭常用的「凡……」。其三、這段文字主要講述了「爻」的占斷，而前面的文字則是爻象，內容性質有別。關於第一點，此段文字共有三十四個字，而〈爻象〉節的書寫空間相當狹窄，最多的是簡54，寫了十七字，若將此段文字接續在〈爻象〉之後書寫，雖然勉強可以容納整段文字，但與〈爻象〉節相同會顯得相當壅擠，且簡61上半會留下約五分之三的空白，因此這段文字有可能是為了整體的布局美觀而另簡抄寫。至於第二點，《筮法》前半部的筮例中，有不少屬於同節仍用「凡」者，如〈支〉、〈見〉、〈娶妻〉、〈小得〉、〈戰〉等節，可見「凡……」不一定就是章節的開頭。最後關於第三點，「爻象」與這段文字之間的關係，好比〈四季吉兇〉前半講述了六子卦的吉凶，後半則說明此吉凶在實際占斷時如何運用，此處應也是這個模式，先談爻象再談爻的占斷，因此今仍將這段文字歸於〈爻象〉節釋讀。李宛庭說請

1. 瘇

此字原簡作，整理小組隸定為「瘇」，讀為「腫」。〔註276〕然而，同節筮數四的爻象中有「腫」字作，故此字當不通讀為「腫」。李宛庭指出「瘇」在傳世文獻中專指足脛腫痛，如《漢書‧賈誼傳》：「天下之勢，方病大瘇。」顏師古注云：「腫足曰瘇。」、《集韻》：「瘇，《說文》：『脛氣足腫』，或作瘇。」〔註277〕，其說可從，此處的「瘇」並不是指「腫脹」的狀態，而是指足部腫痛的疾病。

2. 權徝（通）

整理小組讀為「罐筩」，〔註278〕子居則讀為「權重」。〔註279〕然而，《筮法》同節就有兩個從「重」之字，若將此讀為「權重」，那麼將「重」寫成「徝」似乎不符合《筮法》的用字習慣。

此外整理小組將「權」讀為「罐」亦有學者反對，如黃杰指出「罐」字後起，將「權」讀為「罐」可疑。其認為「權」應讀為「管」，因「雚」、「官」聲古多通用。而「徝」可能為「筒」字，在此可讀為「筩」。「管」、「筩」、「筒」皆指管狀物，在文獻中時常換用，其舉《呂氏春秋‧仲夏紀》為例：「昔黃帝令伶倫作為律。伶倫自大夏之西，乃之阮隃之陰，取竹於嶰谿之谷，以生空竅厚鈞者、斷兩節間，其長三寸九分而吹之，以為黃鐘之宮，吹曰『舍少』。次制十二筩，以之阮隃之下，聽鳳皇之鳴，以別十二律。」高誘注：「六律、六呂各有管，故曰十二筩。」畢沅曰：「筩，《說苑》《風俗通義》《御覽》俱作『管』，李善注《文選》邱希范《侍宴詩》作『筩』，與『筒』實一字。」〔註280〕考之先秦文獻及古文字，確實確未見到「罐」字。倘若「權」為通假字，也不應通為「罐」字，而是應通為「管」，管、筒、筩在稱「十二律」樂器時可互用，故推測「權徝」應讀為「管筩」，指管樂器。

只不過，雖然「權」與「管」於音可通，但單從字形來看，「徝」也很有可能是「通」字。「徝」原簡作，清華六《子儀》有「通」字作【《清華六‧子儀》20】。在字形上兩者的區別僅在於下方的「止」形。而戰國文字的

　　參氏著：《清華大學藏戰國竹簡（肆）‧筮法研究》，頁156。

〔註276〕李學勤主編：《清華大學藏戰國竹簡（肆）》，頁120。

〔註277〕李宛庭：《清華大學藏戰國竹簡（肆）‧筮法研究》，頁146。

〔註278〕李學勤：〈清華簡《筮法》與數字卦問題〉，頁120。

〔註279〕子居：〈清華簡《筮法》解析（修訂稿下）〉，頁70。

〔註280〕黃杰：〈清華簡《筮法》補釋〉，頁22。

「辵」常省略下方的「止」形書寫，如《筮法》的「易」字即有從「辵」、從「彳」兩種字形 ![字形] 【〈至〉11】、![字形] 【〈至〉13】。故權徊也很有可能讀為「權通」，指權宜通變。

〈爻象〉、《說卦傳》的諸卦爻象除了形容詞和名詞外，也可見動詞者。如〈爻象〉筮數九有「備戒」，《說卦傳》第十一章更有「毀折」、「進退」等象，故「權徊」也有可能不是名詞或形容詞。只是傳世文獻中「權通」一辭出現的時間較晚，較早的文獻如《晉書·禮志》：「趙姬之舉，禮得權通，故先史詳之，不識其事耳。」〔註281〕又如《宋書·禮志》：「至於諒闇奪服，慮政事之荒廢，是以乘權通以設變，量輕重而降屈。」〔註282〕時間都非常晚了，故目前尚不能確定「權徊」即指「權通」，黃杰的觀點仍可備為一說。

3. 飢

此字整理小組讀為「醪」，指「汁滓酒也」，並認為下文的「汰」即是「淘米水」，兩者為相似之物。〔註283〕然而，諸多學者認為此釋讀不確，目前可見三種說法：

（1）讀為「匦」：

最早提出這個說法的是網友奈我何，其認為《周易·損》有「二簋可用享」的卦辭，而《周易》卦爻辭皆由象所生，故知卦象必有「簋」象。〔註284〕而李宛庭則提供了字形方面的例證，如《說文》提到「匦」、「匭」、「杚」，皆古文簋，可見「簋」有從「九」的字形。〔註285〕其中「匦」即為從食、九聲之字，《說文》：「匦，古文簋。從匚食九。各本作從匚飢。飢非聲也。從方、從食、九聲也。」〔註286〕

（2）讀為「氿」：

子居認為八象有水，此處爻象言「在上為飢，下為汰」，「汰」整理小組認為通「汏」，《說文》曰：「汏：淅瀞也。」即淘米水，與水有關。故子居推

〔註281〕【唐】房玄齡等撰：《晉書》，北京：中華書局，1974年11月，頁638。

〔註282〕【梁】沈約撰：《宋書》，北京：中華書局，1974年10月，頁457。

〔註283〕李學勤：〈清華簡《筮法》與數字卦問題〉，頁120。

〔註284〕奈我何：〈初讀清華簡（四）筆記〉，簡帛論壇，第24、28樓，2014年1月，網址：http://www.bsm.org.cn/forum/forum.php?mod=viewthread&tid=3155&extra=page%3D1&page=3

〔註285〕李宛庭：《清華大學藏戰國竹簡（肆）·筮法研究》，頁147。

〔註286〕【清】段玉裁：《說文解字注》，頁196。

測「飤」也與水有關，應讀為「氿」。並舉《爾雅·釋水》：「氿泉，穴出。穴出，仄出也。」李巡曰：「水旁出名曰氿。」認為此處的「氿」指水旁出貌，就此來看，「汏」字很有可能指水漸漸而下的樣貌，一出一入，兩者可相對。〔註287〕

（3）讀為「餀」：

蔡飛舟認為子居將「飤」通讀為「氿」難以解釋食為何通為水旁的問題。若如奈我何讀為「簋」，則又與〈爻象〉的內容不合，因為簋為圓器，應屬於有「圓」象的筮數四。而《集韻》言「餀」有或體作「餀」，而《說文》：「餀，飽也。」可知「餀」為吃飽後腹脹的狀態，同筮數有「瘇脹」的爻象，故將「飤」讀為「餀」亦合於卦象。〔註288〕

案：從上述學者的論點來看，奈我何以《周易》卦象連結《筮法》爻象或有可議之處，首先，《筮法》並不使用《周易》六十四卦的卦爻辭。再者，此處所說為爻象並非卦象，故奈我何以《周易》卦象中有「簋」而論爻象必有之似乎不甚妥當。蔡飛舟以為簋是圓器應歸類於筮數四，故推測飤不應讀為「簋」。確實，從爻象中可以發現筮數四的卦象確實有圓的傾向，如鼓、環都是圓物，不過這僅能說四確有圓象，難以因此將所有圓形物體都歸於四，如蔡飛舟認為爻象四的「腫脹」亦屬圓物，然而為何代表足腫「瘇脹」不歸於筮數四？〔註289〕故飤不應為簋的反駁或不成立。以文字的角度來說，李宛庭與蔡飛舟之說皆可通，飤可讀為「簋」或是「餀」。不過，考慮到「飤」與「汏」可能具有關聯性，此處的「飤」應從蔡飛舟所言讀為「餀」，指「飽食」，與「汏」相對。

4. 汏

整理小組讀為汏，並就《說文》：「汏，淅㶃也。」推測此指淘米水。〔註290〕黃杰認為「汏」、「汏」古籍中皆作動詞使用，作名詞使用者僅《楚辭·涉江》：「齊吳榜以擊汏」王逸注：「汏，水波也。」，此外古之淘米水多用「潘」、

〔註287〕子居：〈清華簡《筮法》解析（修訂稿下）〉，頁70。

〔註288〕蔡飛舟：〈清華簡《筮法·爻象》芻論〉，《周易研究》第134期（2015年11月），頁36。

〔註289〕有許多學者將〈爻象〉的八、五、九、四與八卦產生連結，詳見本文第三章第三節關於「四、五、八、九」的爻象研究。

〔註290〕李學勤：〈清華簡《筮法》與數字卦問題〉，頁120。

「泔」、「灡」、「灡」等字,「汰」多為動詞指淘洗,因此「汰」不應如整理小組所言解為「淘米水」,而疑此為「水波」之象。〔註291〕

　　蔡飛舟則認為爻象八已有水象,故「汰」不應指「水波」。從上文可知,其將「飢」讀為「餉」,指「飽食」,故汰應如《說文》所言為「淘米」,在此指「淅米待爨」之狀,與「餉」皆為庖廚之事。〔註292〕從簡文來看,「在上為飢,下為汰」或說明了「飢」、「汰」有所關係,蔡飛舟此解於字形、文意皆說得通,當可從之。〔註293〕

5. 悬

　　此字原簡作 ，整理小組認為是從寡省聲,讀為「懼」,〔註294〕然而同簡的〈祟〉中有寡字作 ,與此字上半形同,可知此字即為從寡從心,並未省形。整理小組將此字通讀為「懼」,除了音近之外,也由於此字接於「憂」字之下,相比寡字又多加了心形部件。雖然目前楚簡中也未見從心從寡的「懼」字,但李宛庭指出古文中憂懼常連用,如《韓非子·姦劫弒臣》:「故劫殺死亡之君,此其心之憂懼、形之苦痛也,必甚於厲矣。」〔註295〕故整理小組之說可從。

6. 㑣

　　此字整理小組讀為音近的「飢」,〔註296〕另有曰古氏讀為「暌」,指「乖離」,〔註297〕子居則讀為「悸」,指心臟快速跳動,與上方的憂懼之象有關。〔註298〕由於傳世文獻及此前的出土文獻未見「㑣」字,加上〈爻象〉節的形式也難以用前後文的方式訓讀,故難論此三說孰是孰非,就通假的角度來看,三說皆可備。其中「飢」如整理小組所言,「㑣」字從癸聲,癸上古音為見母

〔註291〕黃杰:〈清華簡《筮法》補釋〉,頁22。

〔註292〕蔡飛舟:〈清華簡《筮法·爻象》芻論〉,頁36。

〔註293〕除黃杰、蔡飛舟之說外,季旭昇認為「汰」或可如字讀,指驕泰。但筆者認為飢、汰可能是有關連的兩個爻象,故從蔡飛舟之說。季旭昇說可見氏著:《清華大學藏戰國竹簡(肆)讀本》,頁146。

〔註294〕李學勤:〈清華簡《筮法》與數字卦問題〉,頁120。

〔註295〕李宛庭:《清華大學藏戰國竹簡(肆)·筮法研究》,頁148。

〔註296〕李學勤:〈清華簡《筮法》與數字卦問題〉,頁121。

〔註297〕曰古氏:〈讀清華簡《筮法》小箚〉,復旦大學出土文獻論壇,第25樓,2014年1月,網址:http://www.fdgwz.org.cn/forum/forum.php?mod=viewthread&tid=6980&extra=&page=3

〔註298〕子居:〈清華簡《筮法》解析(修訂稿下)〉,頁70。

脂部，飢也是見母脂部字。睽為溪母脂部字，愲亦從癸得聲，聲音當近。

7. 環

此字原簡作**環**，整理小組認為此字從「厱」，即《說文》所說「銳」的古字「劂」，據此將之隸定為環，並根據王家台秦簡《歸藏》將夬寫作劂，進而將此字讀為「玦」。〔註299〕學者多認為此釋讀不確，目前可見三說：

（1）讀為「璗」：

侯乃峰認為從字形來看，**環**字右旁僅從「火」而非從「炎」，再加上《別卦》有夬卦作**火**，從「介」得聲。故疑此字右旁為燭字，火旁為了避讓玉旁而將火寫至蜀下方，如上博簡即有燭字的火旁寫在蜀旁之下作**燭**【《上博二·容成氏》2】。故此字應為從玉，燭聲之字，應讀為「璗」。〔註300〕

（2）讀為「韣」：

黃杰認同侯乃峰對於此字形的解讀，但認為「璗」字除了《集韻》、《康熙字典》等工具書外，幾乎不見於傳世文獻，也未知其形制，也就是說讀為「璗」缺少了傳世文獻的佐證。而就同筮數有弓象這點來看，**環**或可讀為「韣」，指弓袋，如《呂氏春秋·仲春紀》：「帶以弓韣」高誘注：「弓韜也。」〔註301〕

（3）讀為「珌」：

李宛庭認為侯乃峰將「燭」字的蜀旁與火旁上下并作，並將火字與蜀之虫字共用筆畫的說法不確。因為將蜀之「虫」形拉直與火共筆就失去「蜀」原有的構形意義，使得**環**的右上變成楚簡常見的「視」字。從**火**的字形來看，其上方所從疑為清華三〈赤鵠之集湯之屋〉**火**【9】字的左旁，即為「哭」字。故**火**或可視為從哭從火之字，而哭下方的「大」形拉直筆畫與火共筆。字義方面，李宛庭提到蘇建洲將〈赤鵠之集湯之屋〉的**火**字讀為「伏」或「閟」，推測**環**或讀為「珌」，《說文》：「珌，佩刀下飾，天子以玉。」珌的切面為弧形，與筮數九中曲、蛇等彎曲之象相應。〔註302〕

案：從上述三位學者的觀點來看，侯乃峰之說雖然從文字演化的角度上

〔註299〕李學勤：〈清華簡《筮法》與數字卦問題〉，頁121。

〔註300〕侯乃峰：〈釋清華簡《筮法》的幾處文字與卦爻取象〉，頁21。

〔註301〕黃杰：〈清華簡《筮法》補釋〉，頁22～23。

〔註302〕李宛庭：《清華大學藏戰國竹簡（肆）·筮法研究》，頁150。

可通，戰國的確多見為了簡化而造成筆劃借用的現象。但如李宛庭所言，如此共筆之後，就很難確定 ![字] 字的右上究竟是蜀字還是加了火旁的視字，故侯乃峰之說可能不確。此外，若將 ![字] 讀為「璿」，那麼此字即是從玉、蜀聲字，與「燭」同從蜀得聲，為何此處還要特地保留火形、並將之置入蜀字下方共筆的問題亦難以解釋。再者，如黃杰所言，「璿」不見於文獻之中，而「珌」除了《說文》外，亦可見於傳世文獻中，如《詩經‧小雅‧瞻彼洛矣》：「君子至止、鞞琫有珌。」鄭玄注曰：「鞞，容刀鞞也。琫上飾，珌下飾。」〔註303〕因此，![字] 應從李宛庭之說，隸定為「瑍」，讀為「珌」。

8. 耳

此字原簡作 ![字]，整理小組隸定為「耳」，讀為「珥」。〔註304〕只不過此字未如琥、玩等字加有玉旁，楚簡中的「珥」字多加玉旁作 ![字]【《曾侯乙墓》10】、![字]【《曾侯乙墓》64】，故推測此字當不讀為「珥」。侯乃峰認為筮數四有足象，「![字]」當如字讀為「耳」，都指身體的部位之一，且筮數四有圓、鼓、環諸象，可能與「四」的字形呈橢圓狀有關，而耳的字形也與四十分相近。〔註305〕

不過，網友有鬲散人卻認為此字與楚簡中的「耳」及從「耳」字有別，楚簡的「耳」字中間皆為兩筆，如 ![字]【《包山》190】、![字]【《包山》265】、![字]【《郭店‧唐虞之道》26】、![字]【《郭店‧語叢一》50】等，但此字卻作三筆，其根據裘錫圭之說疑此字為「聰」的表意初文。〔註306〕

李宛庭亦贊成此說，![字] 明顯是將圓筆簡寫成橫畫的結果，雖然楚簡中

〔註303〕 【漢】毛亨傳、【漢】鄭玄箋、【唐】孔穎達疏：《詩經》，頁479。

〔註304〕 李學勤：〈清華簡《筮法》與數字卦問題〉，頁120。

〔註305〕 侯乃峰：〈釋清華簡《筮法》的幾處文字與卦爻取象〉，頁22。

〔註306〕 裘錫圭指出西周金文有 ![字] 字【《集成》6007】，以往皆讀成「耳」字，但此字在耳形孔部加上圈形，與金文息字在心上加點的意義相近。金文息字作 ![字]（《集成》4326），從字形來看為心上加一短橫，並認為此字應為指事字，本義應與心之孔竅有關。而囱、息、聰同音，為一字分化。囱指房屋與外界相通的孔，因此息、聰或指心與耳的孔竅，並引申為心與耳的通徹，抑是一開始就在心、耳上加上點、圈形來表示通竅義。裘錫圭說請參裘錫圭：《裘錫圭學術文集第三卷》，上海：復旦大學出版社，2012年，頁415～416。有鬲散人：〈初讀清華簡（四）筆記〉，簡帛論壇，第55樓，2014年1月，網址：http://www.bsm.org.cn/forum/forum.php?mod=viewthread&tid=3155&extra=page%3D1&page=6。

的聰字多從耳、兇聲作「聡」，如【《郭店‧五行》15】，但如李守奎所說，《筮法》有若干文字有存古的現象，如「雠」、「象」、「卒」、「屯」等字，〔註307〕故此字也可能是甲骨、金文字形的留存。〔註308〕而《說文》謂：「聰，察也。」〔註309〕在文獻中多與「明」字合用，如《史記‧商君列傳》：「反聽之謂聰，內視之謂明，自勝之謂彊。」〔註310〕，又如《荀子‧議兵》：「用千里之國，則將有四海之聽，必將聰明警戒和傳而一。」王先謙注曰：「耳目明而警戒。」〔註311〕而〈爻象〉的筮數九可見「備戒」之象，〔註312〕

綜合來看，應讀為「聰」，在此也應與《荀子‧議兵》所見義同，指「耳目清明」之象。

9. 腫

整理小組將筮數八的「瘇」讀為「腫」，為了區別而將此處的「腫」讀為「踵」。〔註313〕但經過上述的考證之後，可知「瘇」應如字讀，指「足脛腫脹」，故此處的「腫」也應如字讀，指腫脹。

10. 厲忌

整理小組讀為「爇怪」，認為指火災。但有許多學者不同意這種看法，有正式發表的意見有兩說：

（1）讀為「遲期」：

子居將「邦有兵命厲忌」斷讀為「邦有兵，命厲忌」，認為「厲忌」即傳世文獻中常見的「失期」，故「命遲期」指怠誤軍、政事。如睡虎地《秦律十八種‧徭律》：「失期三日到五日，誶。」《戰國策‧楚策四》：「齊王遺使求臣女弟，與其使者飲，故失期。」《史記‧陳涉世家》：「會天大雨，道不通，度已失期。失期，法皆斬。」〔註314〕

〔註307〕雠、象、卒等字李守奎皆有所論，可參其文。而「屯」字《筮法》皆作形，楚簡「屯」字多將圓筆簡寫成一橫筆作【《曾侯乙墓》5】，而商周甲骨、金文則作【《合集》11534】、【《合集》28008】，可見「屯」也保留了較早的寫法。李守奎：〈清華簡《筮法》文字與文本特點略說〉，頁59。

〔註308〕李宛庭：《清華大學藏戰國竹簡（肆）‧筮法研究》，頁133、151。

〔註309〕【清】段玉裁：《說文解字注》，頁598。

〔註310〕瀧川龜太郎：《史記會注考證》，頁871。

〔註311〕【清】王先謙撰：《荀子集解》，北京：中華書局，1988年9月，頁268。

〔註313〕李學勤：〈清華簡《筮法》與數字卦問題〉，頁120。

〔註314〕子居：〈清華簡《筮法》解析（修訂稿下）〉，頁71。

（2）讀為「慶忌」：

郭永秉認為「鷹忌」讀為燹怪稍嫌迂迴，在楚文字的使用中，並無將鷹讀「燹」，將「忌」讀為怪的案例。其中，「忌」即「惎」之異體字，在戰國文字中可讀為「忌」，如上博六《孔子見季桓子》：「出言不忌」的「忌」就讀為「忌」。而 𢒰 當為慶的省形，故「鷹忌」當讀為「慶忌」。《管子·水地》：「慶忌者，其狀若人，其長四寸，衣黃衣，冠黃冠，載黃蓋，乘小馬，好疾馳，以其名呼之，可使千里外一日反報，此涸澤之精也。」而據劉釗研究，「慶忌」很有可能是從「魃」繁衍出來的害人精鬼，因此將「鷹忌」釋為「慶忌」也符合〈爻象〉的內容。〔註315〕

案：除了這兩種意見之外，在郭文下方的討論區，也有不少學者嘗試提出通讀。如曰古氏讀為「懈紀」，接續「邦有兵命」讀之，指「國家發布徵兵命令，但紀律懈怠」。王寧主張「鷹忌」與「風雨」連讀為「鷹忌風雨」，此處「鷹忌」或可讀為「遞惎」，「遞惎風雨」指風、雨交替為害。蟲魚、孟蓬生主張讀為「薦饑」，「薦饑」於先秦文獻中常見，如《左傳·僖公十三年》：「冬，晉薦饑，使乞糴于秦，秦伯謂子桑與諸乎。」，楊伯峻注曰：「《爾雅·釋言》：『薦，再也』，《爾雅·釋天》：『穀不熟為饑，仍饑為薦。』則薦饑者，連年失收也。」〔註316〕可知「薦饑」指連年飢荒。不過月下聽泉反對這種看法，因「忌」為之部字，「饑」為微部字，「飢」為脂部字，在先秦中難以找到之與脂、微相通的案例，雖然孟蓬生舉上博三《周易》：「匪台所思」即「匪夷所思」，郭店《窮達以時》：「管寺吾」即「管夷吾」，清華三《周公之琴舞》：「天維顯帀」即《周頌·敬之》：「天維顯思」，但月下聽泉認為這些案例若不是虛詞就是人名，且先秦從諸多「亓」聲字很難找出與脂、微部字相通的案例，故暫不接受「忌」讀為「饑」。另垂天之雲認為 𢒰 或為「鹿」之異體或草寫，「鹿忌」應讀為「癘饑」，指疾病與飢荒。〔註317〕

李宛庭考察諸說，首先認為從 𢒰 字形來看確實為「鷹」而非「鹿」，雖然楚簡「鷹」、「鹿」兩字的角形都寫成 ⩗，但甲骨、金文中「鷹」寫成 𢒰【後

〔註315〕郭永秉：〈說「慶忌」〉，復旦大學出土文獻與古文字研究中心網站，網址：http://www.fdgwz.org.cn/Web/Show/2210（2014 年 1 月 8 日）。

〔註316〕楊伯峻：《春秋左傳注》，頁 344。

〔註317〕以上諸說皆見於郭永秉〈說「慶忌」〉一文下方討論，網址：http://www.fdgwz.org.cn/Web/Show/2210。

2.33.4）、⬚【明藏 633】，「鹿」寫成⬚【甲 265】、⬚【命簋】，可看出兩者的角形有別，而⬚上部的寫法明顯是甲骨、金文寫法的留存，故此字並非鹿字，因此垂天之雲說法不確。〔註318〕事實上，從上文〈死生〉節對「虛」字的考察可知，由於《筮法》有多個文字據有三晉系文字的風格，其中「廌」亦寫成⬚形（《侯馬》194：6】趙，春晚），推測⬚可能也是受到三晉書寫風格影響的文字，而這種寫法又與甲骨、金文相類，當是商周文字的留存。然而，三晉系文字中的「鹿」字的角形也早已簡化，如⬚（麕【《集成》10473】），若⬚是受到三晉風格影響的文字，那很難單從角形去判斷其為「廌」或是「鹿」。不過，透過比對「廌」與「鹿」的字形可知「廌」會特別寫出圈形。就這點來看，⬚確實是「廌」而非「鹿」。

此外，李宛庭還從墨丁的位置指出〈爻象〉節的斷句為「上下皆作邦有兵命，廌忢，風雨，日月有差。」因此子居讀為「上下皆作邦有兵，命廌忢」，王寧讀為「廌忢風雨」皆不確。〔註319〕其中子居雖然將「廌忢」讀為「失期」，但從簡文來看，「兵命」、「風雨」、「日月有差」都是獨立的天災人禍，可推想「廌忢」應如是，若將此讀為「失期」則主語不明，傳世文獻中的「失期」大多都指某事未能如期達成，而此處明顯是某種天災人禍的代稱，且「失期」的嚴重程度也不比戰爭、風雨、日月有差，因此「廌忢」當不讀為「遲期」。另外根據文意，可知曰古氏將「廌忢」接續「邦有兵命」解為「國家發布徵兵命令，但懈怠了紀律」的說法亦不確，就此來看，只剩「燹怪」、「慶忌」、「薦饑」較合文意。就此三者來看，廌忢讀為「燹怪」亦不確，首先如郭永秉所言，出土文獻中未曾見將「廌」讀為「燹」，「忢」讀為「怪」者。再者，雖然整理小組從「燹」字認為「燹怪」指火災，但如果單指火災，「燹」一字足矣，如《說文》：「燹，火也。」〔註320〕《廣韻》：「字統云野火也。」〔註321〕「怪」字其實未作解釋。此外，「燹」後世多與「兵」字連用，如《宋史‧選舉志》：「時郡縣數罹兵燹。」〔註322〕指兵禍戰亂。只不過「兵燹」一詞甚晚，未知先秦「燹」字是否有戰亂之意。倘若有之，則其意與前文「邦有兵命」重疊，

〔註318〕李宛庭：《清華大學藏戰國竹簡（肆）‧筮法研究》，頁 156～157。

〔註319〕李宛庭：《清華大學藏戰國竹簡（肆）‧筮法研究》，頁 157。

〔註320〕【清】段玉裁：《說文解字注》，頁 484。

〔註321〕【宋】陳彭年撰，林尹校訂：《宋本廣韻》，頁 288。

〔註322〕【元】脫脫撰：《宋史》，北京：中華書局，1985 年 6 月，頁 3763。

就這三點來看「膚忌」當不讀為「燹怪」。

　　而郭永秉讀為「慶忌」於文字的層面可通，或如其所說代指害人的精怪，如《禮記‧禮運》所言：「故無水旱昆蟲之災，民無凶饑妖孽之疾。」〔註 323〕可見妖孽精怪亦為災害。只不過為何選擇「慶忌」作為精怪作祟的代表，以現有的材料來看較難以解釋，故此說仍可疑。

　　相較之下，「薦饑」最為符合此段文意，但如月下聽泉所說，根據白於藍《戰國秦漢簡帛古書通假字彙纂》，元與幾、几的界線是相當清楚的。因此，將「忌」讀為「饑」，似也缺少確證。雖然李存智在研究楚簡中的陰聲韻通假時，有提到若干之與脂，之與微的通假，並認為漢代之、脂韻部應有部份的字具有共同的音讀層次，並在戰國時期的楚地方音已有所反映。〔註 324〕只是其所舉的案例有些後來改釋他字而不成立，如上博四〈曹沫之陣〉中的「幾」字，整理小組讀為「忌」，但後來陳劍認為讀為「忌」不確，改讀為「機」。〔註 325〕又如上博三《周易‧旅》有「宋」字（其字從朮得聲，朮上古音莊母脂部），整理小組通讀為「鼟」（曉母之部），不過就今本《周易》來看，「宋」應可直接通讀為「次」（精母脂部），兩者皆為脂部字。因此，從目前大量元字卻只有少數通脂、微部字的狀況來看，亦難以依此斷定「忌」可通「饑」。

　　綜上所述，整理小組將 隸定為「膚忌」無疑是正確的，惟諸家學者的釋讀都還有一些說不通的地方，今先依照簡文的文意，暫從「薦饑」之說。

11. 日月有「此」

　　整理小組將「此」通讀為「食」，指日、月蝕。〔註 326〕對於這裡的「此」字，學者們亦有不同的看法：

　　（1）讀為「疵」：

　　侯乃峰認為「此」應讀為「疵」，「日月有疵」指出現日月食等災異現

〔註 323〕【漢】鄭玄注，【唐】孔穎達等正義：《禮記正義》，頁 441。

〔註 324〕李存智：〈郭店與上博楚簡諸篇陰聲韻部通假關係試探〉，台大中文學報第 29 期（2008 年 12 月），頁 10～13、19～21。

〔註 325〕陳劍：〈上博竹書《曹沫之陣》新編釋文（稿）〉，原於 2005 年 12 月發表於簡帛論壇網站中，但原網址已失效，今可從同網站下列網址下載，網址：http://www.jianbo.sdu.edu.cn/system/_content/download.jsp?urltype=news.DownloadAttachUrl&owner=1407194306&wbfileid=4648142

〔註 326〕李學勤：〈清華簡《筮法》與數字卦問題〉，頁 121。

象。〔註327〕

（2）讀為「異」：

有鬲散人提到「日月有此」中的「此」與甲骨文中「日月有戠」之「戠」是同一個詞。《韓非子‧說疑》：「董不識」之「識」，《戰國策‧齊策》及《漢書‧古今人表》皆作「訾」。而「日月有戠」之「戠」，陳劍讀為「異」，此處的「此」當亦通讀為「異」。〔註328〕

（3）讀為「差」：

李宛庭整理諸家學者對於「此」字的看法，提到鳲鳩、蘇建洲兩位學者皆讀「此」為「差」，指「日月失其躔度」，其中蘇建洲指出《說文‧玉部》：「瑳……字或作『玼』。」顯現「差」、「此」音近，不過其認為上博三《仲弓》：「山有崩，川有竭，日月星辰猶差，民無不有過。」中的「日月星辰猶有差」似乎是自然現象，似與《筮法》簡文不合。然而，李宛庭認為此處文意是以「山崩」、「川竭」、「日月星辰有差」來比喻「民有過」，故「日月有差」當屬少見的現象，符合《筮法》的文意。此外，李宛庭還指出「玼」雖然在先秦文獻中可見，卻沒有用以形容日、月者，故認為讀為「差」較佳。〔註329〕

案：李宛庭所論可從，雖然整理小組將讀為「食」於音可通，且先秦文獻中也常見日食、月食，並將之視為一種災害，如《周禮‧春官‧宗伯》：「凡日月食，四鎮五岳崩，大傀異災，諸侯薨，令去樂。」〔註330〕符合《筮法》此處文意。但如蘇建洲所舉《仲弓》簡文，可見將「日月有此」讀為「日月有差」亦符合其文意，且其又舉出《說文》中「此」、「差」音通的案例，故「日月有此」應讀為「日月有差」，指「日月失其躔度」，與前文「兵命」、「鳫忑」、「風雨」相同，都是指惡爻上下皆作而產生的天災人禍。

三十、十七命【簡62-63】

呂（凡）十七命：曰果，曰至，曰亯（享），曰死生，曰導（得），曰見，曰瘳，曰咎，曰男女，曰雨，曰取（娶）妻，曰戰，曰成，曰行，曰儺（售），

〔註327〕侯乃峰：〈釋清華簡《筮法》的幾處文字與卦爻取象〉，頁21。

〔註328〕有鬲散人：〈初讀清華簡（四）筆記〉，簡帛論壇，第10樓，2014年1月，網址：http://www.bsm.org.cn/forum/forum.php?mod=viewthread&tid=3155&extra=page%3D1&page=1

〔註329〕李宛庭：《清華大學藏戰國竹簡（肆）‧筮法研究》，頁152～153、157。

〔註330〕【漢】鄭玄注，【唐】孔穎達等正義：《禮記正義》，頁345。

曰齊（霽），曰祟。岂（凡）是各叠（當）亓（其）刲（卦），乃力丨占＝之＝（占之，占之）必力，刲（卦）乃不試（忒）。

1. 力

　　整理小組將「力」讀為「扐」，李學勤認為這是指大衍筮法中「歸奇於扐以象閏」的步驟。〔註331〕此說引起學界對《筮法》成卦法的猜測，但王化平就前後文意疑此「力」字當如字讀，有「力求」的意思，而非讀為「扐」。其從三個層面來分析這點：

　　（1）行文順序與文意解讀：

　　從簡文的前後邏輯來看，「乃力占之」接在「各當其卦」之後，說明「力占之」是在成卦之後才有的事情，因此「占」應指解卦的步驟而非成卦的步驟。再加上簡文在最後又強調一次「占之必力，卦乃不忒」，若「力」讀為「扐」指起卦，那麼「不扐」自然也不會得到卦象，也不會有「卦乃不忒」的問題了。故就行文順序來看，「力占之」應指「得卦之後要勤於分析卦象」。

　　（2）「扐」非成卦法的關鍵：

　　目前先秦唯一可見的成卦法，只有《繫辭上傳》所載的「大衍筮法」，而「大衍筮法」的核心在於「四營」，也就是「分二」、「挂一」、「揲四」、「歸奇」四個步驟，雖然「歸奇」的步驟即是指將揲四後剩餘的蓍草「扐」於手指之間，但這個步驟的關鍵在於「餘數」，而非蓍草要不要夾在手指上。因此，如果《筮法》的成卦法與《繫辭上傳》所載相似，似乎沒有強調「扐」字的必要。

　　有些學者認為「扐」字很有可能代表《筮法》與「挂扐法」有較近的淵源，如林忠軍指出後世「大衍之數」的衍著方法主要有二，一是過揲法，二是挂扐法。其中，「挂扐法」乃是以三變後夾在手指上的餘數來定卦，與《筮法》：「乃扐占之，占之必扐」的記載相符。再者，根據朱熹的解釋，「挂扐法」一爻亦有三變，第一變所得的扐數為「五」或「九」；第二變的扐數為「四」或「八」，在三變之後根據「五」、「九」；「四」、「八」的數量來定一爻四象為何。〔註332〕而《筮法》中特別列出〈爻象〉一節解釋「四」、「五」、八、「九」的

〔註331〕李學勤：〈清華簡《筮法》與數字卦問題〉，頁66。
〔註332〕其文云：「『十有八變而成卦』者，每一爻有三變，謂初一揲，不五則九，是一變也。第二揲，不四則八，是二變也。第三揲，亦不四則八，是三變也。若三者俱多為老陰，謂初得九，第二、第三俱得八也。若三者俱少為老陽，謂初得五，第二第三，俱得四也。若兩少一多為少陰，謂初與二、三之間，

特殊爻象，在前面的筮例中也可見到這四個筮數的運用，可見《筮法》十分重視「四」、「五」、「八」、「九」。從這兩點來看，《筮法》的成卦當與「挂扐法」關係密切。〔註333〕

然而，「挂扐法」與「過揲法」的起源，其實是宋人對「大衍之數」的理解不同而產生分歧，如孫勁松對宋代郭雍與朱熹的蓍法之辯如此說道：

> 郭雍認為《易》是聖人為明道而作，漢代以來的象數之學皆為附會。
> 朱熹認為《易》本為卜筮之書，以《河圖》、《洛書》為象數本原，
> 認為大衍之數以及九、六、七、八均源于《河圖》、《洛書》，並在此
> 基礎上推演蓍法。兩人在不同的易學觀產生了不同的揲蓍法，郭雍
> 主張過揲法，朱熹主張挂扐法，兩人就此進行了往復辯論。〔註334〕

孫勁松認為「郭、朱關於蓍法的爭論，是義理與象數的平等對話」，可見「挂扐法」和「過揲法」的產生，與宋代易學象、數兩派對於《周易》成卦法的理解不同有關。而王化平也認為：

> 以宋人討論的挂扐法、過揲法來看，都有四、五、八、九之策數。
> 之所以有兩種方法，區別在於三變中的後兩變是否如第一變要「挂
> 一」，以及對「扐」字含意的理解有歧見。換而言之，兩種方法的差
> 別主要在於過程，其最終結果其實都是六、七、八、九這四個筮數。
> 〔註335〕

綜合來看，「挂扐法」的本質還是「大衍之數」，只是後世學者對其過程、義理的理解不同而產生「挂扐」與「過揲」之爭。因此，「挂扐法」也難以作為「力」應讀為「扐」的理由。

（3）傳世文獻中的「占」字意義：

王化平從傳世文獻中發現「占」字在卜筮活動中，多指解讀卦／兆而非

或有四或有五而有八也。或有二個四而有一個九，此為兩少一多也。其兩多一少為少陽者，謂三揲之間，或有一個九，有一個八而有一個四，或有二個八，而有一個五，此為兩多一少也。如此三變既畢，乃定一爻。六爻則十有八變，乃始成卦也。」見朱熹：《晦庵集》，收錄於收錄於商務印書館四庫全書出版工作委員會編：《四庫全書》，北京：商務印書館，據文津閣四庫全書影印，2005 年，第 382 卷，頁 594。

〔註333〕 林忠軍：〈清華簡《筮法》筮占法探微〉，頁 7。
〔註334〕 孫勁松：〈略論朱熹和郭雍的蓍法之辯〉，《汕頭大學學報（人文社會科學版）》第 2010 年 06 期，2010 年 12 月），頁 19。
〔註335〕 王化平、周燕：《萬物皆有數：數字卦與先秦易筮研究》，頁 194。

卜兆／成卦的步驟，其舉了數則《左傳》中的筮例來說明。如《左傳・閔公元年》：「初，畢萬筮仕於晉，遇屯之比。辛廖占之，曰：『吉⋯⋯。』」《左傳・僖公十五年》：「初，晉獻公筮嫁伯姬於秦，遇歸妹之睽。史蘇占之，曰：『不吉⋯⋯。』」從這兩段引文中可以發現成卦用「筮」字而解卦則用「占」字，且未見有以「占」稱「成卦」者，由此亦可知「力」當不讀為「扐」。〔註336〕

案：王化平之說可從，此處的「力」應如字讀，有「竭力」的意思，從《筮法》的內容來看，《筮法》通篇皆談解卦之法而未見與成卦相關的內容，因此將「力」讀為「扐」可疑。加上〈十七命〉抄於最後兩簡，類似於《筮法》篇的序言，將「乃力占之，占之必力，卦乃不忒」的「力」如字讀，指「解卦必須竭盡己能，方始卦象指示不致差錯。」〔註337〕帶有警語的味道，提醒占卦者應審慎面對解卦之事，與《筮法》的內容十分契合。

〔註336〕上述王化平之說請參氏著：《萬物皆有數：數字卦與先秦易筮研究》，頁195～198。

〔註337〕「卦乃不忒」的「忒」字，整理者訓為「變」，但從整段文意來看，「忒」應如李宛庭所說，有「差錯」的意涵，「卦乃不忒」指「使筮占結果的解讀不致差錯」。見氏著：《清華大學藏戰國竹簡（肆）・筮法研究》，頁159。

第三章 《筮法》解卦系統探論

　　在校理過《筮法》的文字之後，本章將在此研究基礎上重新梳理《筮法》的解卦術語及筮占原則。初步來看，《筮法》的解卦系統不用卦爻辭，而是以一種名為「四位」的卦位理論為基礎架構，同時利用卦、爻象與時間的對應判斷吉凶，與《周易》以卦爻辭為占的解卦形式有相當大的差異。本章根據解卦術語及原則的性質，將之分成「卦象類」、「爻象類」與「時間對應類」三個層次探討，而在論述這三類解卦原則之前，則先對《筮法》特殊的「四位卦」系統進行說明。

　　而在開始探討《筮法》的解卦系統之前，還有三點必須說明：

　　其一、本節所引述之《筮法》簡文皆採用寬式隸定，相關通假字的釋讀皆以第二章的研究成果為準，且不另加註。

　　其二、《筮法》「坎」、「離」兩卦的用字與《周易》不同，分別寫成「勞」、「羅」，雖然勞與坎、羅與離在聲音上可以通假，但從〈卦位圖〉「坎離倒反」的現象來看，這個卦名差異並非單純的通假，而是與卦象有關。因此本節一律以「勞」、「羅」稱呼《筮法》的☵、☲二卦，並在其後括號註明（坎）、（離），只在談論《周易》的卦名時才直接使用「坎」、「離」稱呼之。

　　其三、本章在每種筮占理論中都將列出相關的筮例，唯《筮法》有不少筮例涉及複數的解卦原則，因此同一則筮例可能會出現在不同的解卦系統論述中。如「三吉同兒」同時使用了「三同一」以及「四季吉凶」的概念，那麼在談到這兩個概念時，本文都會列出「三吉同兒」的相關筮例，並在該筮例下方略作說明，以明其主題。

第一節 「四位卦」理論及其運用

如上所述，《筮法》的筮占體系並不使用《周易》的本之卦概念，而是以一種名為「四位」的卦位系統為骨幹。因此在論述卦象、爻象等解卦原則之前，有必要先行釐清「四位卦」的理論及其相關問題。

「四位」之名可見於〈志事、軍旅〉與〈四季吉凶〉兩節中，如〈志事、軍旅〉言：「凡筮志事，見同次於『四位』之中，乃曰爭之，且相惡也。」〈四季吉凶〉則曰：「凡筮志事及軍旅，乃惟兌之所集於『四位』是視，乃以名其兌。」。而「四位」的具體表現如〈四位表〉所示：

編號	簡 文	
1	下軍之位	上軍之位
	次軍之位	中軍之位
2	臣妾之位	子姓之位
	妻之位也	躬身之位
3	臣之位也	君之位也
	大夫之位	身之位也
4	外之位也	門之位也
	宮廷之位	室之位也
簡序	35-36	32-33

這是一種嶄新的卦位概念，從〈四位表〉的劃分可知《筮法》並列的六爻卦，實際上都要理解成四個三爻卦。根據簡文，「四位卦」的運用大致上又可以劃分為「四位卦象」及「四位卦位」兩個層次。

一、四位卦象

從上方所列的〈四位表〉可以發現「四位」本身就具有不同的卦位象。然而，其具體運用僅見〈四季吉凶〉：「凡筮志事及軍旅，乃惟兌之所集於四位是視，乃以名其兌。」這裡所說的「四位」包含了〈四位表〉諸象，如整理小組所言，假設春季占問軍旅之事，得震卦在右上，代表上軍大吉之象。〔註1〕這表示《筮法》能夠針對占問事項的人、事、物進行細緻的吉凶判準。舉〈征〉

〔註 1〕李學勤主編：《清華大學藏戰國竹簡（肆）》，頁 108。

節例 1 為例，該筮例的筮數構成為「四五六一（七）八九、四五六一（七）八九」，轉換成易卦依序可得勞（坎）、羅（離）、勞（坎）、羅（離）四卦，該筮例的占辭為「內勝外」，即我方勝於敵方之意。假設此例為春或夏季所占，根據〈四季吉凶〉的規律，可知屬於上軍、下軍的勞（坎）卦為吉，屬於中軍、次軍的羅（離）卦為凶。綜合來看，顯現此次戰役雖由我方得勝，但中軍、次軍可能會蒙受較大的損失或是有其它不利的狀況發生。〔註2〕

　　至於《筮法》的筮例並沒有「四位卦象」具體運用紀錄的原因，筆者認為這可能與「四位卦象」的針對性較強有關。如「上軍之位」這組卦位象僅適用於與軍旅有關的命辭，顯現各卦位很有可能隨著命辭的不同而有不同的四位卦象，也就是說「四位卦象」的實際運用可能需要根據筮占情境決定，難以標準化。畢竟《筮法》筮例的性質是各命辭的解讀通則，有「凡占問某命辭，有某種卦爻象，即可作某論」的意味，故這種需要根據筮占實際狀況而變的解卦原則並未出現於前半部的筮例中。也因如此，〈四位表〉所見的四組卦象很有可能不是四位卦象的全貌，不排除還有更多卦位象。

　　最後，王化平從這四組卦象中發現一個現象，即右下卦在四位卦象中有著較為重要的地位，其中有兩組代表了身、躬身，也就是占者的位置；此外在「上軍之位」這組卦象中，右下卦代表了三軍中心的「中軍之位」；在「門之位」這組卦象中，右下卦代表了房屋主廳「室」，顯現右下卦通常代表了占卦者或較為重要的位置，是四位卦中的主幹。〔註3〕

二、四位卦位

　　與四位卦象不同，四位卦位的運用在筮例中十分常見，具有多種形式。大致上可分為「三同一」、「上下卦」、「左右卦」、「對角卦」四種：

（一）三同一

　　「三同一」是《筮法》筮例中十分常見的一種卦位運用，57 則筮例中就有 14 例依此為占，約占了兩成五左右，可見這種卦位運用是《筮法》系統中相當重要的解卦手段，相關筮例如下表：

〔註2〕當然，〈征〉節並沒有提到四位卦象的具體運用，在此僅是藉由此例，假設其可能的運用狀況。

〔註3〕王化平、周燕：《萬物皆有數：數字卦與先秦易筮研究》，頁 176。

出　處	卦　畫	占　辭	簡　序
〈死生〉3		三吉同兇，待死。	5-6
使用〈四季吉凶〉的理論，右上至左上震、勞（離）、勞（離）為吉，左下兌為凶，故曰「三吉同兇」。			
〈死生〉4		三兇同吉，待死。	7-8
使用〈四季吉凶〉的理論，右上至左上兌、兌、羅（離）為凶，左下震為吉，故曰「三兇同吉」。			
〈死生〉5		三吉同兇，惡爻處之，今焉死。	9-11
使用〈四季吉凶〉的理論，右上至左上震、勞（離）、勞（離）為吉，左下兌為凶，故曰「三吉同兇」。			
〈死生〉6		三兇同吉，惡爻處之，今焉死。	12-14
使用〈四季吉凶〉的理論，右上至左上兌、兌、羅（離）為凶，左下艮為吉，故曰「三兇同吉」。			
〈得〉2		三左同右，乃得。	3-4
使用「左右」卦象，右上至左上羅（離）、艮、巽為左象，左下坤為右象，故曰「三左同右」。			
〈得〉3		三右同左，乃得。	5-6
使用「左右」卦象，右上至左上坤、兌、兌為右象，左下羅（離）為左象，故曰「三右同左」。			

〈得〉4		三男同女，乃得。	7-8
使用「男女」卦象，右上至左上勞（坎）、震、震為男，左下巽為女，故曰「三男同女」。			
〈得〉5		三女同男，乃得。	9-10
使用「男女」卦象，右上至左上坤、羅（離）、兌為女，左下乾為男，故曰「三女同男」。			
〈娶妻〉1		凡娶妻，三女同男，吉。	14-15
使用「男女」卦象，右上、左上、左下坤、羅（離）、兌為女，右下艮為男，故曰「三女同男」。			
〈娶妻〉2		凡娶妻，三男同女，兇。	16-17
使用「男女」卦象，右上至左上艮、乾、勞（坎）為男，左下巽為女，故曰「三男同女」。			
〈雠〉1		凡售，三男同女，女在卧上，妻夫相見，售。	18-20
使用「男女」卦象，右上、右下、左下艮、乾、震為男，左上兌為女，故曰「三男同女」。			
〈見〉1		凡見，三女同男，男見。	1-2
使用「男女」卦象，右上至左上坤、巽、巽為女，左下勞（坎）為男，故曰「三女同男」。			

〈見〉2		凡見，三男同女，女見。	3-4
使用「男女」卦象，右上至左上震、乾、艮為男，左下羅（離）為女，故曰「三男同女」。			
〈小得〉3		三同一，乃得之。	28-29
直接用經卦判斷，右上至左上皆為震卦，左下為勞（坎）卦，故曰「三同一」。			

藉由上述筮例可知，「三同一」為「三個性質一樣，結合一個性質不同的卦象」所組成的卦位概念，而在《筮法》中，這個卦位模式所運用的卦象目前有「男女」、「左右」、「六子卦吉凶」、「直接使用經卦」四種，顯現這種卦位模式可以配合的卦象相當多元。

　　另外，李宛庭認為〈小得〉節例 1、2 雖然未說明解卦的原則，但這兩則筮例很有可能也使用了「三同一」的卦位。相關筮例如下：

出　處	卦　畫	占　辭	簡　序
〈小得〉1		凡小得，乃得之。	24-25
〈小得〉2		凡小得，乃得之。	26-27

從占辭來看，兩例都只言「凡小得，乃得之」，根據《筮法》的格式，「小得」應是指命辭。〔註4〕李宛庭根據該節書寫的位置與〈得〉節相近，以及「得」、「小得」意義相近這兩點，推測這兩則筮例即是以〈得〉節出現過之「三女同男」卦象判斷吉凶。從卦畫來看，例 1 右下至左下為羅（離）、羅（離）、兌，

〔註4〕季旭昇認為「小得」有雙重意義，既代表命辭，也代表卦象，並認為此處的卦象與〈得〉節例 1 的「妻夫同人」有關，相關論述請參本章第三節。季旭昇主編：《清華大學藏戰國竹簡（肆）讀本》，頁 60。

皆是女卦，右上勞（坎）為男卦；而例2右下至左下為羅（離）、羅（離）、巽，也都是女卦，右上勞（坎）為男卦，故兩例皆為「三女同男」之象。〔註5〕

　　但筆者考之《筮法》的其他筮例，發現各節筮例的解卦手段並無重複者，只有〈死生〉節例7、9皆以「（妻夫）相見在上」為占。然而，這兩則筮例都特別註明了筮占對象，說明不管是筮夫還是筮妻，只要筮得「（妻夫）相見在上」都會得到死的結果。而〈小得〉節這兩則筮例並未區分筮占對象，故李宛庭之說可疑。

（二）上下卦

　　《筮法》亦有上下卦的概念，在筮例中可見上下／內外／出入／表／前等稱呼，相關筮例如下表：

1. 稱為上下者

出　處	卦　畫	占　辭	簡　序
〈死生〉7		筮死妻者，**相見在上**，乃曰死。	15-17
使用「妻夫」卦象，上卦震長男、巽長女相對，故曰「相見在上」。			
〈死生〉9		筮死夫者，**相見在上**，乃曰死。	21-23
使用「妻夫」卦象，上卦勞（坎）中男、羅（離）中女相對，故曰「相見在上」。			
〈讎〉1		凡售，三男同女，**女在卦上**，妻夫相見，售。	18-20
兌為少女，在左上卦，故曰「女在卦上」。			
〈咎〉1		凡咎，見述日、妻夫、昭穆、上毀，無咎。	7-9

〔註5〕李宛庭：《清華大學藏戰國竹簡（肆）・筮法研究》，頁92、164～165。

「上毀」指上卦出現兩女卦左右相對，巽、羅（離）皆為女卦。〔註6〕			
〈瘳〉1		凡瘳，見述日，上毀，瘳。	10-11
上卦出現兌、巽兩女卦相對。			
〈雨霽〉1		凡雨，當日在下，數而入，雨。當日在上，數而出，乃霽。	12-15
使用「當日」之象，〔註7〕指筮占日所值天干在上、下卦出現。			
〈雨霽〉2		金木相見在上，陰。水火相見在下，風。	16-18
上卦兌為金、巽為木，故曰「金木相見在上」。下卦艮為水、勞（坎）為火，故曰「水火相見在下」。			

2. 稱為內外者

出 處	卦 畫	占 辭	簡 序
〈征〉1		凡征，內勝外。	24-25
合觀左右同爻位對比相應爻位（初－四、二－五、三－上）之筮數，〔註8〕下卦勝於上卦，故曰「內勝外」。			
〈征〉2		凡征，外勝內。	26-27
合觀左右同爻位對比相應爻位（初－四、二－五、三－上）之筮數，上卦勝於下卦，故曰「外勝內」。			

〔註6〕「上毀」的相關討論請見本章第二節卦象之相關討論。

〔註7〕「當日」的意義請見本章第四節之相關討論。

〔註8〕蔡飛舟認為「內勝外」、「外勝內」是合觀左右卦，同爻位者為一組，並比較上卦與下卦相應爻位的數字大小。請參氏著：〈清華簡《筮法》補釋〉，頁11～13。

3. 稱為出入者

出　　處	卦　　畫	占　　辭	簡　序
〈得〉7		作於陽，入於陰，亦得，其失十三。	15-17
陰指左上坤卦，左下兌卦處於坤卦之下，故曰「入於陰」。			
〈攴〉1		凡攴，**數而出**，乃述。	5-6
「數」為兌卦，〔註9〕兌卦在上卦，故曰「數而出」。			
〈攴〉2		凡攴，**數而入**，乃復。	7-8
兌卦在下卦，故曰「數而入」。			
〈讎〉2		表淆，售。**數出**，乃亦售。	21-22
本筮例的占辭必須與〈讎〉1 合觀，此處的「數出」乃是指例 1 左上的兌卦，詳見本章第二節關於「數」的論述。			
〈雨霽〉1		凡雨，當日在下，**數而入**，雨。當日在上，**數而出**，乃霽。	12-15
此卦例只展示了「數而出」的卦象，兌卦在上卦。			
〈行〉1		凡行，**數而出**，述。**數而入**，復。	22-23
此卦例只展示了「數而出」的卦象，兌卦在上卦。			

〔註 9〕「數」請見本章第二節之相關討論。

4. 表

出　處	卦　畫	占　辭	簡　序
〈讎〉2		表淯，售。數出，乃亦售。	21-22
指左上卦筮數混出（九、八）。			

除了上述這些筮例之外，〈果〉節亦提到上下／出入以及「前」的概念：「大事歲在前，中事月在前，小事日在前」、「如卦如爻，上下同狀」、「外事數而出、內事數而入」。而〈爻象〉節則有上下／內外之語：「在上為旬，下為汱」、「凡爻，如大如小，作於上，外有咎，作於下，內有咎，上下皆作，邦有兵命……。」

綜合來看，《筮法》稱呼上、下卦時，大多仍用「上下」稱之，上舉的 16 則筮例中就佔有 7 例。

稱為「內外」者僅〈征〉節一例，但《筮法》的「內外」多有具體所指，從〈果〉節將事類區分成「外事、內事」來看，〈爻象〉節「作於上，外有咎；作於下，內有咎」的「內外」就可能指「外事」、「內事」，「外有咎」、「內有咎」猶指「內憂外患」。另外，〈征〉節筮例的「內外」則有我方、敵方的意思。也就是說《筮法》的「內外」除了指上下卦之外，同時還表達了敵我、內外事，具有多重意涵。

出入之「入」在《筮法》中皆寫為「內」，但可以從文意區分出「內」應讀為「入」或是該如字讀。而「出入」除了〈得〉節的「入於陰」之外，其餘皆與「數」這個卦象有關，「數」學界多認為指兌卦，筮例中的「出入」也大多與兌卦出現的位置相合，可見「出入」也是指上下卦而言。

至於「表」則只出現於「讎」節例 2 的「表淯」，「淯」是一種特殊的爻象，指四、五、八、九在同一個三爻卦中混出，以該則筮例來看，此例的左上卦出現九、八，可知「表」字亦指上卦。

「前」則不見於筮例中，僅見〈果〉節有「歲在前」、「月在前」、「日在前」之語。整理小組認為此處的「前」也是指「上卦」，其言：「歲、月、日在前，疑指所值干支的卦象在上卦出現。」〔註10〕

〔註10〕李學勤主編：《清華大學藏戰國竹簡（肆）》，頁 110。

　　雖然《筮法》的「四位卦」是《周易》經傳中未見的概念，但《周易》經傳同樣也以「上下」、「內外」、「出入」指稱上下卦。其中「上下」如訟卦《彖》辭：「訟，上剛下險」，〔註11〕指訟卦上卦為乾，下卦為坎。「內外」如家人卦《彖》辭：「家人，女正位乎內，男正位乎外。」王弼注曰：「謂二、五也。」孔穎達疏曰：「此卦六二柔而得位，是女正位乎內也。九五剛而得位，是男正位乎外也。」〔註12〕可知此「內外」亦是指上下卦而言。「出入」如晉卦《彖》傳：「明出地上」〔註13〕以及明夷《彖》辭：「明入地下」，〔註14〕這兩處的「明」皆指離卦，離卦在上而坤卦在下為「晉」，離卦在下而坤卦在上為「明夷」，可知《周易》的「出入」也是上下卦的位置。除了「上下」、「內外」、「出入」之外，《周易》經傳的「前」也用來代表上卦的概念，如〈需〉、〈蹇〉兩卦的《彖》辭皆云「險在前也」〔註15〕，由於《周易》的坎卦有險象，可知「險在前也」乃是指坎卦在上。鑒於「上下」、「內外」、「出入」不論在《筮法》或《周易》經傳中都是指稱上下卦，故可推測《筮法》的「前」很有可能如整理小組所言也是指上卦。

　　雖然李宛庭認為〈果〉節下文還有「上下同狀」之語，以「上下」來稱呼上下卦，推測「前」應不是指上下卦位。並根據《筮法》的閱讀順序為右上至左下這點，認為「前」很有可能指四位卦中的右兩卦，而左兩卦很有可能稱為「後」。〔註16〕然而，根據上文的論述，可知《筮法》並不只用「上下」來稱呼上下卦，因此不能以用字不同作為「前」不應指稱上卦的理由。此外，《筮法》的簡文中亦不見將左兩卦稱為「後」者，故稱左卦為「後」與「前」相對的觀點，僅是一種可能的猜測。當然，由於《周易》並沒有左右卦而《筮法》有之，故也不能排除這種說法。只不過從《周易》經傳的「前」也用來指稱上卦這點來看，《筮法》的「前」很有可能指上卦。

　　綜上所述，筮例中出現的上下、內外、出入、表、前大多都用來表明某卦／爻象在上卦或是下卦出現，而從「數出」、「數入」的筮例來看，可知相同的卦象出現在上下卦會造成不同的筮占結果，顯現上下卦位會對筮占造成一

〔註11〕【魏】王弼、韓康伯注、【唐】孔穎達等正義：《周易正義》，頁33。
〔註12〕【魏】王弼、韓康伯注、【唐】孔穎達等正義：《周易正義》，頁89。
〔註13〕【魏】王弼、韓康伯注、【唐】孔穎達等正義：《周易正義》，頁87。
〔註14〕【魏】王弼、韓康伯注、【唐】孔穎達等正義：《周易正義》，頁88。
〔註15〕【魏】王弼、韓康伯注、【唐】孔穎達等正義：《周易正義》，頁32、92。
〔註16〕李宛庭：《清華大學藏戰國竹簡（肆）‧筮法研究》，頁114。

定程度的影響。除此之外，《筮法》中的「昭穆」卦象也利用了上下卦位的概念成象，可見《筮法》的「四位卦」也可以二分為上、下，是解卦原則中重要的一環。

（三）左右卦

出　處	卦　畫	占　辭	簡　序
〈死生〉7		筮死妻者，相見在上，乃曰死。	15-17
使用「妻夫」卦象，上卦震長男、巽長女左右相對，故曰「相見在上」。			
〈死生〉9		筮死夫者，相見在上，乃曰死。	21-23
使用「妻夫」卦象，上卦勞（坎）中男、羅（離）中女左右相對，故曰「相見在上」。			
〈得〉1		妻夫同人，乃得。	1-2
使用「妻夫」卦象，上卦乾父、坤母左右相對。			
〈雠〉1		凡售，三男同女，女在卦上，妻夫相見，售。	18-20
使用「妻夫」卦象，上卦艮少男、兌少女左右相對。			
〈咎〉1		凡咎，見述日、妻夫、昭穆、上毀，亡咎。	7-9
「妻夫」指下卦乾父、坤母左右相對。「上毀」指上卦巽、羅（離）兩女卦左右相對。			
〈瘳〉1		凡瘳，見述日、上毀，瘳。	10-11
使用「上毀」卦象，上卦兌、巽兩女卦左右相對。			

〈雨霽〉2		金木相見在上，陰。水火相見在下，風。	16-18
上卦兌金、巽木左右相對，下卦艮水、勞（坎）火左右相對。			
〈男女〉1		凡男，上去二，下去一，中男乃男，女乃女。	19-21
上卦去除二個爻位，下卦去除一個爻位後，合觀左右卦的男女組成，若兩卦皆為男則生男，皆為女則生女。如此筮例中卦皆為勞（坎）卦。			
〈征〉1		凡征，內勝外。	24-25
合觀左右同爻位對比相應爻位（初 - 四、二 - 五、三 - 上）之筮數，下卦勝於上卦，故曰「內勝外」。			
〈征〉2		凡征，外勝內。	26-27
合觀左右同爻位對比相應爻位（初 - 四、二 - 五、三 - 上）之筮數，上卦勝於下卦，故曰「外勝內」。			
〈成〉1		凡成，同，乃成。	28-29
合觀左右卦的筮數組成，若二至五爻筮數組成相同則為「同」。〔註17〕			

〔註17〕關於〈成〉節「同」與「不同」的概念，學界有不同的看法。整理小組認為此處的「同」、「不同」是指「中心四爻」而言。谷繼明則認為整理小組之說不確，從卦畫來看，〈成〉節例 1 從二爻至五爻都是六五五一（七），例 2 右卦為六一（七）六一（七），左卦為一（七）六一（七）六，故實際上是看中間八個爻位而非四個爻位。李宛庭則提供了另一種可能的解讀，即運用〈男女〉節「上去二、下去一」的取卦原則，〈成〉節例 1 的左右皆是「六五五」，為巽卦，卦畫、卦象皆同；例二右卦為六一（七）六，左卦為一（七）六一（七），分別為勞（坎）卦與羅（離）卦，卦畫、卦象皆不同。綜合來看，整

| 〈成〉2 | | 不同，乃不成。 | 30-31 |

合觀左右卦的筮數組成，若二至五爻筮數組成相異則為「不同」。

從上述筮例來看，可知《筮法》亦以左右卦的卦象組合甚至是左右同爻位者為占，其中「妻夫」即為「妻夫相見」，指上卦或下卦的左右卦出現同位階的男女卦。〈雨霽〉、〈男女〉等節的筮例也都是合觀左右卦為占。而〈征〉、〈成〉兩節則運用了左右爻的對應為占。〔註18〕

（四）對角卦

見於〈死生〉節例八：

理小組會認為「同」、「不同」是看中四爻的原因，很有可能是〈成〉節例1出現了頻率較低的筮數五之故，標示出「同」、「不同」是以中四爻為占。然而，從〈成〉節例二來看，「同」與「不同」的判斷也包含了一（七）、六兩爻。如此一來，就很難忽略例1的二、五爻，因為這兩個爻位也是左右皆同，且例2這兩爻的爻位也是左右皆異，都符合占辭中的「同」與「不同」。就此來看，谷繼明之說為佳。而李宛庭之說亦符合占辭，且《筮法》本身的解卦手段以經卦為主，故或可備為一說。只不過其論點會產生一個問題，即「同」與「不同」是就筮數組成而言呢？還是就卦象而言呢？如果此處的「同」與「不同」是以經卦來判斷，那麼就會有三種狀況，一是筮數組合皆同，筮數組合皆同也意味著卦象相同。二是筮數組合與卦象皆不同。三是筮數組合不同但卦象相同。其中第一種狀況屬於「同」、第二種狀況屬於「不同」當無疑義。有問題的是第三種狀況，這種狀況究竟算是「同」還是「不同」呢？由於《筮法》並沒有說明「同」與「不同」的具體所指，所以目前只能從現有的卦畫去推測，而〈成〉節的兩則筮例都是連筮數也相同，故難知遇到第三種狀況時應做何解讀。另外，季旭昇認為「同」、「不同」指中心四爻的觀點不確，原因在於兩者筮得的機率差異十分懸殊，遇到「同」與「不同」的比例約1：8。只不過，筆者認為從〈至〉節例2「易向」及「不易向」的占辭來看，這種機率的差異應是合理的，「易向」、「不易向」是以四隅卦的卦位為占，筮得「易向」的機率比起「不易向」應高上不少。綜合來看，「同」與「不同」今仍從谷繼明之說，「同」指二至五爻的筮數組成相同，「不同」指二至五爻的左右筮數皆不同。李學勤主編：《清華大學藏戰國竹簡（肆）》，頁103。谷繼明：〈清華簡《筮法》偶識〉，頁25～26。李宛庭：《清華大學藏戰國竹簡（肆）·筮法研究》，頁100。季旭昇主編：《清華大學藏戰國竹簡（肆）讀本》，頁72。「易向」、「不易向」的相關論述請見本章第二節。

〔註18〕事實上，根據目前的研究現況來看，〈死生〉例一、例二「虛」也很有可能是一種合觀左右爻為占的解卦原則之一，詳見本章第三節關於「虛」爻象的論述。

出　處	卦　畫	占　辭	簡　序
〈死生〉8		筮疾者，一卦亢之，乃曰將死。	18-20

從卦畫來看，此筮例「一卦亢之」的「一卦」即是指右上及左下的艮卦，「亢」如簡文校釋中所論，指艮卦經過、貫通四位卦的首尾，或者是兩艮卦佔據對角遮蔽了乾坤兩卦，可見對角卦位也可用於解卦。

三、「左下卦」是否有特殊地位

整理小組在《筮法》的注釋中曾提到：「左下卦在判斷卦象時有特殊地位。」[註19]而子居認為此說為是，因為有好幾則筮例的左下卦都出現了該筮例的論斷基準。如〈死生〉節例5、6以「惡爻」來占斷，而筮數剛好都出現在左下卦。又如〈得〉節例8至11「春見八」、「夏見五」、「秋見九」、「冬見四」之「八」、「五」、「九」、「四」也都出現在各例的左下卦。再者，〈得〉節例1「妻夫同人」之「人」象整理小組認為指左下卦的巽卦。最後所有「三同一」的筮例中，除了〈娶妻〉例一「三女同男」之「男」在右下卦外，其餘皆在左下卦，子居認為這代表了「三同一」卦位中的「一」雖然不一定限於左下卦，但可見《筮法》的作者有意凸顯了左下卦的重要性。[註20]

事實上整理小組、子居認為左下卦有特殊地位的原因，基本上都只有「若干筮例影響占斷的卦／爻象出現在左下卦」這點，但單就這點來確定四位卦的左下卦具有特殊意義證據略嫌不足。首先，既然左下卦有特殊的意義，那麼其具備特殊性的原因是什麼呢？王化平雖然用〈四位表〉中的三組卦位象嘗試解釋這個問題，推測右下卦是四位卦中的主幹，代表了起卦者、中軍、室等較重要的位置，而左下卦對右下卦的關係較近，故影響較大。如「妻」影響「躬身」、「大夫」影響「身」、「宮廷」離「室」最近，因此左下卦才在筮例中有特殊地位。[註21]但由於四位卦象的具體運用狀況不明，同時從筮例中也看不到左下卦對右下卦的影響，故這個觀點尚難以證明。再者，〈得〉節例1「妻夫同人」之「人」的所指尚有爭議，故此例也不可作為左下卦有特殊卦

[註19] 李學勤主編：《清華大學藏戰國竹簡（肆）》，頁78。
[註20] 子居：〈清華簡《筮法》解析（修訂稿上）〉，頁19～21、23。
[註21] 王化平、周燕：《萬物皆有數：數字卦與先秦易筮研究》，頁176。

象的例證。另外，以「三同一」為占的筮例中，並不止〈娶妻〉例 1 的相異卦不在左下卦，〈讎〉節例 1 也是如此。因此，子居說「三同一」卦象中的相異卦並不限於左下卦是正確的，但不能僅根據相異卦出現左下卦的筮例比例較高，進而論斷左下卦有特殊地位。如李尚信就懷疑《筮法》特殊卦居左下的趨勢可能只是出於作者的習慣，否則難以解釋為何有些特殊卦不在左下。〔註22〕最後，〈得〉節「春見八」、「夏見五」、「秋見九」、「冬見四」四則筮例的筮數雖然非常一致地出現在左下卦。但從占辭來看，影響筮占結果的要素僅為「筮數」與「四季」，與卦位無涉。〈死生〉節「惡爻處之」的筮例同理，左下卦在這些筮例之中似乎不是影響結果的主要因素。

　　綜合來看，雖然《筮法》確實有一些筮例的筮數、卦象出現在左下卦，但《筮法》並沒有展現左下卦的特殊之處，因此目前尚不能斷定左下卦在《筮法》中有特殊地位。

四、《筮法》中的六位卦

　　《筮法》雖然不見別卦的卦名和《周易》的卦爻辭，顯現《筮法》的解卦系統並不以六十四卦為主，但學者們仍從〈死生〉節例 1、2 的爻象「虛」以及〈男女〉節「上去二，下去一」的取卦手法推測《筮法》可能隱含六位卦的概念。〔註23〕相關筮例列舉如下：

出　處	卦　畫	占　辭	簡　序
〈死生〉1		六虛，其病哭死。	1-2
〈死生〉2		五虛同一虛，死。	3-4

〔註22〕李尚信：〈關於清華簡《筮法》的幾處困惑〉，頁52～53。
〔註23〕王化平：〈讀清華簡《筮法》隨劄〉，頁72。李尚信：〈清華簡《筮法》筮例並非筮占實例〉，頁57。

〈男女〉1		凡男，上去二，下去一，中男乃男，女乃女。	19-21

其中，「虛」是一種與爻相關的解卦術語，學界對此象有諸多不同的說法，詳見本章第三節的相關討論。直接從結論來看，「虛」當是一種以「六爻」為主體的解卦手段，六虛、五虛同一虛的總數皆為六，可見「虛」這個爻象將六爻視為一個整體。

再者，關於「上去二，下去一」的卦象，此筮例是去除上方兩組爻位，下方一組爻位，以中間經卦是男是女來判斷生男生女。李尚信提到「此象下腹懷子也，凡孕，其胎皆在下腹之位。六爻卦上去二，下去一，正此位也。」〔註24〕可知《筮法》背後仍有六爻卦的概念。此外，李尚信更進一步指出《筮法》無六十四卦的觀點可能是一種誤解，《筮法》雖然以「四位」為占，但其有上下卦位之分，上下卦合起來即為六爻卦。〔註25〕也就是說，四位卦的背後其實具有六位卦的框架，如果單純以經卦為占，那麼四個經卦為何要兩兩相疊呢？可見四位是從別卦的概念中發展而來。雖然《筮法》不用六十四卦體系，但說《筮法》不存在六爻卦的概念無疑是不精確的，應該說《筮法》「不以六十四卦的卦爻辭為占」，而非「沒有六爻卦的概念」。此外，由於《筮法》不以別卦為占，故別卦卦名自然沒有出現在《筮法》中。

五、〈崇〉節「夫天之道」的相關問題

〈崇〉節最後有一段獨立抄寫於簡51的文字「夫天之道，男勝女，眾勝寡」，整理小組認為這段話是附抄於〈崇〉節的內容。〔註26〕有部份學者從文意推測這是《筮法》解卦系統的綱領，如子居認為〈得〉節「三右同左」、「三左同右」即是依此為占。〔註27〕李宛庭也認為「三同一」卦位就是其中「眾勝寡」的運用。〔註28〕

事實上，整理小組的觀點確實有其道理，其一是這段話的文義與〈崇〉

〔註24〕李尚信：〈清華簡《筮法》筮例並非筮占實例〉，頁57。

〔註25〕李尚信：〈清華簡《筮法》筮例並非筮占實例〉，頁57。

〔註26〕李學勤主編：《清華大學藏戰國竹簡（肆）》，頁117。

〔註27〕子居：〈清華簡《筮法》解析（修訂稿上）〉，頁20。

〔註28〕李宛庭：《清華大學藏戰國竹簡（肆）·筮法研究》，頁141。

判斷作祟者的方法無涉，〈祟〉節判斷各經卦作祟者的主要原則有三，一為筮數組成、二為時間、三則是各經卦的男女屬性，但這個男女屬性關係僅止於作祟者的性別，〔註29〕未有「男勝女、眾勝寡」的現象。其二是從〈四位表〉「子姓之位」這組卦象以及「娶妻」這個命辭，可知《筮法》這套筮占理論的使用者應為具有身分地位的男性。因此，「男勝女」這段話很有可能反映了古代男尊女卑的概念，故許多學者都認為這段話很有可能是《筮法》解卦原則的核心價值。

只不過，李尚信以〈死生〉節「三吉同兇，待死」的筮例來反駁這個觀點，其認為此例吉卦多於凶卦，若按照「眾勝寡」的概念來看，筮占的結果應當為吉。但該筮例的結果仍為凶象，與「眾勝寡」產生矛盾。〔註30〕若細考《筮法》諸筮例，可以發現除了此例外，〈死生〉節「三吉同兇，惡爻處之，今焉死」的筮例也違反了「眾勝寡」的概念。因為對照這兩例「三吉同兇」的筮例，可知兩例的區別在於後者多了「惡爻」之象，而筮占結果由「待死」變成「今焉死」，顯現後一例出現的「惡爻」之象並不是筮占結果為兇的主要原因，而是「三吉同兇」的卦象就已經使筮占結果為死。除此之外，〈娶妻〉節「三男同女」為凶，「三女同男」卻為吉的筮占結果，似乎也與「男勝女」的概念不合。

然而，筆者認為〈娶妻〉節的筮例與「男勝女」的觀念未必有不合之處。首先，從「娶妻」二字可知這個命辭是以男性的角度為占。而從卦象來看，「三男同女」為三男搶一女之象，「三女同男」則有三女事一夫之象，由於筮占的角度為男性，故以「三男同女」為凶，「三女同男」為吉，符合古代一夫多妾的狀況，也就是說〈娶妻〉節筮例反而是從「男勝女」的觀念出發才以此論斷。至於〈死生〉節「三吉同兇」兩則筮例，確實如李尚信所言是一個不好解釋的疑點。只能從〈娶妻〉節的筮例推測「男勝女，眾勝寡」雖然是《筮法》的核心價值，但在實際筮占中的變數繁多，可能受到命辭或是其它解卦手段的影響而另有他論，〈娶妻〉節的「三男同女」明顯與命辭的視角有關，而〈死生〉節的「三吉同兇」以目前的材料確實看不出其為何仍論凶象，只能暫且存疑以待將來。〔註31〕

〔註29〕如乾祟有父，坤祟有母；勞（坎）祟中的虜祟特別標明了「牡」字；兌祟、羅（離）祟、巽祟都出現了與女子有關的作祟者。可見經卦的男女對作祟者的性別判讀有著一定的影響。

〔註30〕李尚信：〈關於清華簡《筮法》的幾處困惑〉，頁56。

〔註31〕除了《筮法》核心原則的觀點外，王化平猜測「男勝女，眾勝寡」既然抄在